FALTPLAN

»Schreiben Sie uns!

Wir hoffen, dass Ihnen dieser Reiseführer gefällt und er Ihnen ein guter Begleiter auf einer außergewöhnlichen und spannenden Reise ist.

Weil ein Reiseführer von Erfahrungen lebt, sind wir an Ihren Erlebnissen interessiert: Haben Sie im Buch ein Restaurant entdeckt, das es nicht mehr gibt, eine Sehenswürdigkeit, die wir noch nicht aufgeführt haben, oder eine falsche Adresse? Dann schreiben Sie uns!

Wir nehmen jeden Hinweis und jede Kritik ernst und arbeiten kontinuierlich daran, die Bücher aktuell zu halten und immer weiter zu verbessern. Auch wenn wir nicht jeden Wunsch erfüllen können, machen wir uns immer Gedanken über Ihre Anmerkungen.

Schreiben Sie an: info@reise-know-how.de oder Reise Know-How Verlag Peter Rump GmbH, Postfach 140666, 33626 Bielefeld

Wenn sich Ihre Infos direkt auf das Buch beziehen, bitten wir um die Angabe der Seitenzahl und der Auflagennummer bzw. des Erscheinungsjahres. Besonders hilfreiche Beiträge belohnen wir mit einem Sprachführer Ihrer Wahl aus unserer „Kauderwelsch"-Reihe.

Herzlichen Dank und gute Reisen
Ihr Reise Know-How Verlag

Diesem Buch wurde hier ein herausnehmbarer Faltplan beigefügt.
Sollte er beim Erwerb des Buches nicht mehr vorhanden sein, fragen Sie bitte bei Ihrem Buchhändler nach.

Liebe Leserin, lieber Leser,

ein unabhängiger Verlag für unabhängig Reisende – das sind wir, der Reise Know-How Verlag aus Bielefeld, eines der letzten Familienunternehmen in der Branche. Obwohl wir zu den größten Reiseführerverlagen Deutschlands gehören, ist der familiäre Umgang miteinander in allen Bereichen des Verlagslebens zu spüren: In der Geschäftsführung in zweiter Generation, in einer wertschätzenden Arbeitsatmosphäre, in der Nähe zu unseren frei arbeitenden Autorinnen und Autoren, im engen Austausch mit unseren Leserinnen und Lesern – und auch in der Zusammenarbeit mit Druckereien in Deutschland, in denen wir ausschließlich und regional unsere Bücher produzieren. Die sollen schließlich erst mit Ihnen auf große Reise gehen.

Alles, was wir in unsere Bücher und Landkarten stecken, soll Ihnen eines ermöglichen: Auf Ihre ganz eigene, individuelle Weise die Welt zu entdecken. Wir wünschen Ihnen viel Freude und unvergessliche Erlebnisse mit diesem Reiseführer.

Es grüßen herzlich
Peter Rump & Wayan Rump

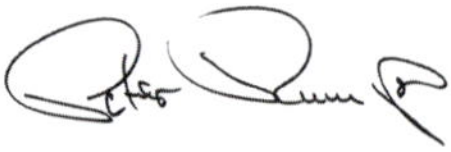

Der Charme des Nordens

Studentenstädte haben eine besondere Ausstrahlung. In ihnen pulsiert das Leben, gute Laune und Kreativität sind spürbar, die Ausgeh- und Shoppingmöglichkeiten sind zahlreich. So auch in Groningen und Leeuwarden. Ist erstere eine altehrwürdige Universitätsstadt (seit 1614), so holte letztere seit der Ernennung zur europäischen Kulturhauptstadt und der Ausweitung der Hotelfachschule (s. S. 70) auf. Die beiden Schwesterstädte liegen nur eine halbe Zugstunde auseinander.

Es ist überraschend, wie gut sich Leeuwarden „gemacht" hat: Auf den Wiesen im Prinsentuin 19 sonnen sich junge Leute aus aller Welt, auf Restaurantbooten in den Grachten (s. S. 89) trifft man sich auf ein kühles *pilsje,* und die Prahmfähren (s. S. 117) laden zu Rundfahrten ein. Dennoch konnte sich Leeuwarden seinen kleinstädtischen und typisch friesischen Charme erhalten.

Groningen ist größer, bunter, wilder. Studenten durchkreuzen auf Fahrrädern die Stadt, die Kneipendichte ist beachtlich, eine Sperrstunde gibt es nicht. Neben historischen Gebäuden wie dem „Olle Grieze", dem Turm der Martinikirche 9, buhlen kreative Neubauten wie das Forum 8 um die Aufmerksamkeit der Besucher. Dieses architektonisch interessante Gebäude mit Bibliothek, Kino, Museum, Cafés und 14 den Innenraum querenden Rolltreppen ist eine Begegnungsstätte für „alle, die neugierig auf die Welt von heute und die Möglichkeiten von morgen sind."

Ich hoffe, auch Sie sind neugierig darauf, wie sich Tradition und Zukunft, Studentenleben und Hafenflair in den zwei Provinzhauptstädten harmonisch miteinander verbinden. Finden Sie es heraus!

Die Autorin

Aufgewachsen zwischen Weinbergen und Biergärten, zog es die gebürtige Fränkin **Ulrike Grafberger** erst nach Italien, dann nach Norddeutschland und in die Niederlande, wo sie seit 20 Jahren in Scheveningen an der Nordseeküste lebt. Die Sommermonate verbringt sie in ihrem Wohnwagen an einem See in Friesland. Die Autorin schreibt über Land und Leute – in Büchern, Artikeln und auf ihren eigenen Websites. Für das Niederländische Büro für Tourismus & Convention arbeitete sie als Holland-Botschafterin für Deutschland, für den Fischer-Verlag schrieb sie das Buch „Holland für die Hosentasche". Im Reise Know-How Verlag veröffentlichte sie mehrere CityTrips und InselTrips sowie Reiseführer über Zeeland und die Niederlande. Zuletzt erschien der Band „Soul Places Niederlande". Mehr über die Autorin unter www.ulrike-grafberger.com.

ug-gr080

CITY|TRIP
GRONINGEN UND LEEUWARDEN

Inhalt

Cleveres Nummernsystem

Die Sehenswürdigkeiten sind im Text und im Kartenmaterial mit derselben **magentafarbenen ovalen Nummer** ① markiert. Alle anderen Lokalitäten wie Geschäfte, Restaurants usw. tragen ein **Symbol und eine fortlaufende rote Nummer** (1). Die Liste aller Orte und die Zeichenerklärung befinden sich im Anhang.

Der Schmetterling ...

... zeigt an, wo man Angebote im Bereich des nachhaltigen Tourismus findet.

Bewertung der Sehenswürdigkeiten

★★★ nicht verpassen
★★ besonders sehenswert
★ wichtig für speziell interessierte Besucher

Planquadrat im Kartenmaterial

[I A1] Orte ohne diese Angabe liegen außerhalb unserer Karten. Ihre Lage kann aber wie die aller Ortsmarken mithilfe der begleitenden Web-App angezeigt werden (s. Anhang).

Vorwahlen
- **Niederlande:** +31
- **Groningen:** 050
- **Leeuwarden:** 058
- **Handy-Vorwahl in den Niederlanden:** 06

Updates zum Buch
www.reise-know-how.de/citytrip/groningen24

☒ *Im Forum Groningen (8) wird Rolltreppe fahren zum Erlebnis (081gr-ug)*

Disney
TELLING
Timeless Stories
EXPOSITIE
EXHIBITION
4 OOST

Auf Städtetrip im Norden der Niederlande

Zwei wunderschöne Städte liegen im Norden der Niederlande: Groningen und Leeuwarden. Beide sind **Provinzhauptstädte** (von Groningen bzw. Friesland) und können auf eine reiche Geschichte zurückblicken. Zudem sind beide moderne Studentenstädte. Groningen noch ein bisschen mehr als Leeuwarden, weshalb dort auch der größere Trubel herrscht. Leeuwarden ist die ruhigere der zwei Schwestern, die sich aber 2018 mit dem Titel „Kulturhauptstadt Europas" schmücken durfte.

Zwar könnte man meinen, dass der Norden der Niederlande „etwas ab vom Schuss" jenseits der großen Städte wie Amsterdam, Utrecht, Den Haag und Rotterdam liegen würde, doch der vermeintliche Nachteil bringt einen großen Vorteil mit sich: Für ein langes Wochenende oder einen längeren Urlaub ist diese Kombination aus Stadt und Land, Trubel und Ruhe, **Innovation und Tradition** genau das Richtige. Im Norden der Niederlande ist das Wasser nie weit entfernt, sei es das Wattenmeer oder einer der zahlreichen Seen, von denen das IJsselmeer das größte Binnengewässer ist. Man sollte also bei einem Besuch im Norden auch immer einen Abstecher zum Segeln, Bootfahren, Wattwandern oder einfach „Aufs-Wasser-Schauen" mit einplanen.

004gr-ug

Zur richtigen Zeit am richtigen Ort

Der Norden der Niederlande feiert gern. In Friesland sind die Events rund ums **Segeln** sowie rund um die **Elfstädtetour** jährliche Highlights. Seit die Grachten nicht mehr regelmäßig zufrieren, wird die Tour durch Friesland auch per Rad oder zu Fuß organisiert. Das wichtigste Fest in Groningen ist das drei Tage dauernde „Befreiungsfest" **Gronings Ontzet** mit vielen Festivitäten.

Frühling

- **Nacht van Oranje:** Schon in der Nacht vor dem Königstag wird in den Niederlanden kräftig gefeiert. In Groningen treten am 26. April auf vielen Podien Bands auf, u. a. auf dem Vismarkt [I C3] (https://denachtvanoranje.nl).
- **Koningsdag (Königstag):** Am 27. April wird der Geburtstag des niederländischen Königs Willem-Alexander im ganzen Land gefeiert und jeder trägt die Farbe des Königshauses Oranje: Orange. Auf den Straßen werden sog. *vrijmarkten* (Flohmärkte) abgehalten, auf denen hauptsächlich Kinder ihre gebrauchten Spielsachen verkaufen. Fällt der Königstag auf einen Sonntag, wird am Tag davor gefeiert.
- **Bevrijdingsfestival (Befreiungsfestival):** Am 5. Mai gedenkt man der Befreiung der Niederlande von den deutschen Besatzern – und das wird mit Livemusik und Aktivitäten rund um das Thema Frieden begangen. In Groningen findet an diesem Tag ein großes Befreiungsfestival im Stadtpark statt (www.bevrijdingsfestivals.nl).
- **Meikermis (Mai-Jahrmarkt):** Der „Mai-Jahrmarkt" lädt in der zweiten Monatshälfte die Groninger zum Riesenradfahren auf Grote Markt 8 und Vismarkt [I C3] ein. Auf dem Ossenmarkt [I B2] findet ein nostalgischer Jahrmarkt statt (www.kermisingroningen.nl).
- Der **Jahrmarkt in Leeuwarden** wird Mitte Juni auf dem Wilhelminaplein [II B3] ausgetragen.
- **Elfstädtetour mit Rad oder Motorrad:** Am Pfingstmontag treten rund 15.000 Teilnehmer mit Fahr- oder Motorrad die Elfstedentocht an. Startpunkt ist Bolsward (www.fietselfstedentocht.frl).
- **Bloemetjesmarkt (Blumenmarkt) Leeuwarden:** Der Bloemetjesmarkt, mit 200 Ständen der längste Markt der Niederlande, findet an Christi Himmelfahrt im Zentrum von Leeuwarden statt. In Groningen wird am Karfreitag ein Blumenjahrmarkt veranstaltet (www.bloemenjaarmarkt.nl).

Sommer

- **Sneekweek (Sneekwoche):** Die Sneeker Woche ist *das* Segelereignis im Norden der Niederlande und zählt europaweit zu den wichtigsten Binnengewässeregatten. Während der Sneekweek gibt es auf dem Sneekermeer jeden Tag Wettkämpfe in vielen verschiedenen Kategorien (www.sneekweek.nl).
- **Skûtsjesilen (Segel-Event):** In den ersten zwei Augustwochen treten in mehreren friesischen Orten wie Lemmer und Grou historische *skûtsjes* (s. S. 98) in elf Wettkämpfen gegeneinander an (www.skutsjesilen.nl).
- **Noorderzon Performing Arts Festival:** Eines der größten Sommerfestivals für darstellende Künste der Niederlande –

◁ Die Schiffe der Friesen: Skûtjses in Eernewoude (s. S. 98)

005gr-ug

mit rund 140.000 Besuchern pro Jahr – wird elf Tage lang im August auf dem Groninger Noorderplantsoen ausgetragen. Dann dreht sich alles um Theater, Musik, Literatur, Fotografie und Tanz (www.noorderzon.nl).

- **Paradigm Festival:** Techno- und House-Künstler sorgen an einem Wochenende im August für elektronische Qualitätsmusik (www.paradigmfestival.com).
- **Vesting Spectaculum (Festungs-Spektakel):** Willkommen im Jahr 1742! An einem Wochenende im Juli bevölkern Gaukler, Händler, Musikanten, Soldaten und Handwerker die Festung Bourtange 16.
- **Gronings Ontzet (Befreiung Gronings):** Zum Gedenken an die Befreiung Groningens am 28. August 1672 von der Belagerung durch den Bischof von Münster wird jährlich ein Riesenfest veranstaltet – mit Jahrmarkt, Musiktheater, Konzert und vielen anderen Events.
- **Arcadia:** Alle drei Jahre findet in Leeuwarden und Umgebung das Kulturfestival Arcadia statt. Der nächste Termin fällt auf das Jahr 2025 (https://arcadia.frl/agenda).

Herbst

- **Open Monumentendag (Tag des offenen Monuments):** Während der Denkmaltage Mitte September öffnen historische Bauwerke ihre Türen, die normalerweise nicht der Öffentlichkeit zugänglich sind, z. B. alte Kirchen und Windmühlen (www.openmonumentendag.nl).
- **Museumsnacht:** Groningen sowie die Provinz Friesland haben jeweils eine eigene Museumsnacht (im September), während derer die Museen bis nach Mitternacht geöffnet sind und Events stattfinden.
- **Noorderlicht Internationaal Fotofestival:** Fotoausstellung unter jährlich wechselndem Motto im Sommer und Herbst an diversen Standorten in Friesland, Groningen und Drenthe (www.noorderlicht.com/programma).
- **Magisch Samhain in Bourtange:** Die Festungsstadt Bourtange 16 ist Ende

In der Festung Bourtange 16 finden immer wieder spannende Veranstaltungen statt

Oktober ganz in den Händen von Elfen, Hexen, Geistern und Dämonen (www.bourtange.nl).

- Die **Ankunft von Sinterklaas** (Mitte November), dem niederländischen Nikolaus, wird im ganzen Lande gefeiert. In Leeuwarden stehen an dem langersehnten Tag die Kleinen an den Ufern der Wester Stadsgracht, um den heiligen Mann mit seinen Helfern namens Zwarte Pieten zu begrüßen (www.sinterklaasleeuwarden.nl).

Winter

- **5. Dezember:** Bevor Sinterklaas am 6. Dezember wieder das Land verlässt, findet der *pakjesavond* (Päckchenabend) statt. Dann werden Geschenke verteilt, die mit einem lustigen Gedicht einhergehen. Zwar ist Sinterklaas das wichtigste Fest im Winter, dennoch setzt sich auch immer mehr das Weihnachtsfest durch.
- **WinterWelVaart:** Mitte Dezember (www.winterwelvaart.nl) verwandeln sich Hoge der A und Lage der A 5 in einen Treffpunkt für historische Schiffe, die mit bunten Lichtern geschmückt sind. Es finden Musikaufführungen, Ausstellungen, Aktivitäten für Kinder und ein Weihnachtsmarkt statt.
- **24.–26. Dezember:** In den Niederlanden gibt es keinen Heiligen Abend wie in Deutschland, vielmehr werden der erste und zweite Weihnachtsfeiertag im Kreis der Familie gefeiert – mit Christbaum und Geschenken.
- **31. Dezember: Silvester.** Das alte Jahr wird in den Niederlanden mit *oliebollen* (frittierten Hefeteigbällchen), einem Essen im Familien- oder Freundeskreis sowie viel Knallerei verabschiedet.
- **Eurosonic Noorderslag Groningen:** 350 Bands aus 31 europäischen Ländern treten vier Tage lang im Januar auf (https://esns.nl).

Gesetzliche Feiertage

- **1. Januar:** Neujahrstag
- **Karfreitag**
- **Ostern** (So. und Mo.)
- **27. April:** Königstag (Koningsdag)
- **5. Mai:** Bevrijdingsdag – Befreiung der Niederlande im Zweiten Weltkrieg
- **Hemelvaartsdag:** Christi Himmelfahrt
- **Pfingsten** (So. und Mo.)
- **5. Dezember:** Nachmittags: Sinterklaas-Fest (Nikolaus)
- **25. und 26. Dezember:** Weihnachten

Aufregend und farbenfroh: der Jahrmarkt in Leeuwarden

082gr-ug

Der Norden der Niederlande im Überblick

Im Gegensatz zu Groningen gelang es der Stadt Leeuwarden im Spätmittelalter nicht, eine Führungsrolle im Norden einzunehmen; die ländlichen Gebiete hatten zu viel Einfluss. Insofern fühlte sich Groningen – man darf es so ausdrücken – auch immer ein bisschen überlegen und schaute auf die kleine Schwester im Westen herab. Die Leeuwardener wurmte das natürlich und sie wollten es den **arroganten Nachbarn** mal so richtig zeigen: mit einem Turm, der viel größer als der imposante, fast 100 Meter hohe Martiniturm 9 Groningens werden sollte. Was aus diesem Vorhaben im Jahr 1529 geworden ist, ist ab S. 80 nachzulesen.

Doch eines hatten die Leeuwardener den Groningern voraus: Ihr hübsches Städtchen hatte das Adelsgeschlecht von Oranien-Nassau im 16. Jahrhundert als **Residenzstadt** auserkoren. Zwar gab es auch in Groningen eine angemessene Unterkunft, den Prinsenhof 10, doch dort zeigten sich die Herrschaften so gut wie nie. Außerdem hatte Friesland mit Franeker schon seit 1585 eine eigene Universität, während diejenige in Groningen erst 1614 gegründet wurde.

Scheinbar herrschten große Differenzen, doch eine geringe Distanz: Zwischen den beiden Provinzhauptstädten liegen gerade einmal 60 Kilometer, weshalb man beide bequem hintereinander besichtigen kann. Der *sneltrein* (Schnellzug) verbindet Leeuwarden mit Groningen und braucht für die Fahrt nur 35 Minuten. Mit dem Auto ist man – je nach Route – zwischen 45 und 60 Minuten unterwegs. Oder auch viel, viel länger, denn die schöne **Landschaft** der Provinzen Groningen und Friesland fordert zu so manchem Zwischenstopp auf – mit bezaubernden Ausblicken auf stattliche Kirchen, weitläufige Polderlandschaften, verwunschene Moorgebiete, intakte Windmühlen, Weiden voller schwarz-weißer Kühe und im Spätsommer auf blühende Heidegebiete.

Blick vom Martinitoren 9 auf Europas größte Kneipe (s. S. 60, links) und das Stadhuis 8 (rechts)

006gr-ug

085gr-ug

Groningen verstehen

Groningen ist eine **junge Stadt.** Nicht in dem Sinne, dass die Stadtgründung erst ein paar Jahre zurückliegen würde – ganz im Gegenteil – sie kann auf eine jahrhundertelange Geschichte zurückblicken (und auch die entsprechenden Sehenswürdigkeiten). Jung ist die Stadt aufgrund ihrer Einwohner, denn sie zählt 63.500 Studenten, welche hier eine von acht Fachhochschulen und drei Universitäten besuchen. Was bedeutet das für eine Stadt? Das Durchschnittsalter liegt bei 36,4 Jahren, Hauptfortbewegungsmittel ist das **Fahrrad** und es gibt **unzählige Kneipen**, aber keine Sperrstunde. Fragt man einen dieser jungen Menschen nach Ausgehtipps, dann bekommt man zur Antwort: „Meinen Sie Studentenkneipen oder Bars, in die eher die Älteren gehen, so ab 25?" Alles klar. Bevor man sich nun alt fühlt, sollte man voller Schwung den **Martiniturm** 9 erklimmen, im **Park Noorderplantsoen** 14 picknicken, sich auf der Terrasse der **Drie Gezusters** (s. S. 60) ein **Groninger Bier** und einen **„Eierball"** (s. S. 45) genehmigen und sich dann ins **Groninger Nachtleben** stürzen und testen, wann Kneipen wirklich schließen, wenn es keine Sperrstunde gibt (s. S. 15).

Oder man geht die Sache ganz entspannt an und genießt ein gutes Essen und einen hervorragenden Wein dazu (bei Mr. Mofongo, s. S. 54). Und morgen stehen drei Museumsbesuche auf dem Programm ...

◁ *Vorseite: Blick auf Hoge der A und A-Kerk* 5

Groningen hat also Jung und Alt, Arm und Reich, Nachtschwärmern und Tagestouristen, Shoppingfans sowie Kulturfreunden eine Menge zu bieten. Auch in **kulinarischer Hinsicht**, denn in Groningen gibt es fast täglich einen Markt, außerdem einen wirklich hübschen Supermarkt (s. S. 17) und unzählige Cafés, Bistros, Kneipen, Restaurants sowie *eetcafés*, viele davon mit studentenfreundlichen Preisen.

Groningen – ein Porträt

Der **Festungscharakter** der Stadt ist noch deutlich zu erkennen; die Stadt ist von **Grachten** umgeben, die in Groningen *diepen* heißen. Innerhalb dieses Grachtenrings liegt die Altstadt, die recht kompakt ist und einen Durchmesser von weniger als einem Kilometer hat – ideal, um die Innenstadt zu Fuß zu erkunden. Verlaufen kann man sich nicht, denn die Stadt verfügt über einen liebenswerten Wegweiser, den **„Olle Grieze"**, den alten Grauen, wie der fast 100 Meter hohe Martinitoren (Martiniturm) 9 von den Einheimischen genannt wird. Weiterer optischer Ankerpunkt ist die westlich davon gelegene A-Kerk 3. Zwischen beiden Türmen wird fast täglich der Markt ausgetragen.

Außerhalb des historischen Stadtkerns beweist Groningen **architektonischen Mut:** Kommt man über die Autobahn A7 aus südwestlicher Richtung, dann fährt man am organisch geformten **Gasunie-Gebäude** vorbei, das die Groninger abschätzig „Affenfelsen" nennen. Nicht weit davon entfernt ragt ein weiteres Hochhaus in den Himmel, das kastenförmige **Leonardo-Hotel** (s. S. 65). Interessant sind auch das 92 Meter hohe, wegen seines Aussehens

044gr-uE

„Kreuzfahrtschiff“ genannte **Kempkensberg-Gebäude** aus dem Jahr 2011, in dem u. a. das Finanzamt seinen Sitz hat, sowie der 75 Meter hohe **Tasman-Turm**, der wie ein auf den Kopf gedrehtes U am Wasser steht und zusammen mit dem waagrechten Anbau an eine kriechende Raupe erinnert. Turm und Nebengebäude beherbergen 221 Appartements. Nicht hoch, sondern außergewöhnlich aufgrund seiner Form, ist das **Wall House** (A.J. Lutulistraat 17), das auf Plänen des amerikanischen Architekten John Hejduk beruht und von zwei Betonmauern geprägt ist, die an die Häuserteile „befestigt“ sind. „Last but not least“ gibt es noch das auffällige Gebäude des Groninger Museums 1, das wie bunt zusammengewürfelt am Bahnhof steht und sozusagen den Eingang zur Innenstadt bildet. Mitten im Zentrum, neben dem Martinitoren, steht ein weiteres architektonisches Meisterwerk, das **Forum** 8.

Die chaotische Seite des Hausbootlebens

Groningen in Zahlen

- **Gegründet:** 1040
- **Einwohner:** 238.000, davon 63.500 Studenten
- **Bevölkerungsdichte:** 1320 Einwohner/km²
- **Fläche:** 180,21 km²
- **Höhe ü. M.:** 7 m
- **Stadtbezirke:** Zentrum, Oude wijken (Altstadt), Oost (Ost), Zuid (Süd) und West
- **Touristen-Übernachtungen:** über eine halbe Million pro Jahr
- **Ausgehmöglichkeiten:** 174 Kneipen, 5 Kinos, 2 Theater

Zwei Räder oder zwei Beine – mehr braucht man nicht

In Groningen fährt man Fahrrad. Punkt. In der Innenstadt ist sowieso keiner mit dem Auto unterwegs. Alternative ist der Bus, den man allerdings nur dann braucht, wenn man die Stadt verlassen möchte. Der Groninger Innenstadtkern ist so überschaubar, dass man ihn locker erlaufen kann. Auch der außerhalb des Grachtenrings liegende Park Noorderplantsoen ⑭ ist gut zu Fuß erreichbar.

Geschichte

Die Sandrücken rund um die Stadt Groningen werden schon seit Tausenden von Jahren von Menschen bewohnt; Zeitzeugen sind die Hünengräber, von denen es heute noch zwei in der Provinz Groningen und über 50 in der Nachbarprovinz Drenthe gibt. Wie auch in Friesland siedelten die Menschen später auf Terpen (in Groningen Wierden genannt), die im Gegensatz zu den natürlichen Sandrücken künstlich aufgeschüttete Hügel waren, die die Bewohner vor den Naturgewalten des Wassers schützen sollten. Ungefähr seit **300 v. Chr.** ist das heutige Stadtgebiet besiedelt, denn es lag günstig auf einer kleinen Anhöhe sowie an einem Fluss namens Aa. Im frühen Mittelalter gehörte der Landstrich zu Magna Frisia („Großfriesisches Reich"), im 8. Jahrhundert zum fränkischen Reich von Karl dem Großen.

1040: Ein Großteil von Groningen geht in den Besitz des Bistums Utrecht über. Die Stadt wird erstmals urkundlich als „Villa Cruoninga" erwähnt.

1250: Groningen gehört dem friesischen Upstalsboom-Bund an, einem Zusammenschluss der „Sieben Seelande", die sich von Nordholland bis zur Elbe erstrecken.

13. Jh.: Die Gegend zählt über 30 Klöster, u. a. Kloster Aduard.

1422: Groningen tritt der Hanse bei.

1492: Höhepunkt der Macht Groningens. Die Stadt herrscht über die Provinz Groningen und einen Großteil Frieslands.

15. Jh: Die friesische Sprache wird aus Groningen verdrängt. Seitdem wird hier ein Dialekt des Niederdeutschen gesprochen.

1517: Nach Luthers Thesenanschlag steigt die Zahl der Anhänger der Reformation an.

1559: Errichtung des Bistums Groningen

1568–1648: Achtzigjähriger Krieg. Hohe Besteuerung und Ketzerverfolgungen führen zu einem Aufstand gegen König Philipp II. Anführer des Aufstands ist Wilhelm von Oranien, der 1568 in die Niederlande einfällt und den Krieg auslöste.

1594: Maurits (Moritz) von Oranien bringt Groningen in den Verbund der „Sieben Vereinten Niederlanden", die Stadt wird protestantisch.

Wegweisende Kunst vor dem Groninger Museum ①

1672: „Gronings Ontzet". Im sog. Katastrophenjahr wird Groningen vom Fürstbischof von Münster belagert. Der Bischof bekommt den Beinamen *Bommen Berend* („Bomben-Bernd"), da er die Stadt einen Monat lang dem Kanonenfeuer aussetzt. Groningen hält stand; am 28. August zieht der Bischof wieder ab.

1795–1813: Die Franzosen herrschen über Groningen.

1813: Napoleon wird besiegt.

1815: Groningen ist Teil des Königreiches der Niederlande.

1942: Deutsche Besatzung der Niederlande; fast alle Juden werden ins Konzentrationslager Westerbork deportiert.

1945: 14.–18. April: Befreiung Groningens von den Deutschen durch die Kanadier.

1959: Mittels einer Bohrung bei Slochteren östlich von Groningen wird das größte Gasfeld Nordwesteuropas entdeckt.

2019: Eröffnung des Forums (s. S. 31) in der Innenstadt

Blick in die Zukunft: Groningen will sich zum führenden „Hydrogen Valley" (Wasserstoffregion) in den Niederlanden entwickeln, das ein Vorbild für ganz Europa werden soll.

Leben in Groningen

Studentenstadt ohne Sperrstunde

In einer internationalen Studentenstadt ist das Nachtleben logischerweise ausgelassen und intensiv. Irgendeine Party oder Veranstaltung gibt es immer und das bis in die frühen Morgenstunden, denn Groningen kennt keine Sperrstunde. Man spricht von Groningen auch von der Stadt, die niemals schläft. Was im Umkehrschluss bedeutet: Wenn die anderen nicht schlafen, kann man es u. U. auch selbst nicht. In der Umgebung einiger Hotels in der Innenstadt kann es – vor allem am Wochenende – auch etwas lauter zugehen. Man feiert also entweder mit oder sucht sich ein etwas ruhiger gelegenes Hotel am Stadtrand.

Gronings Ontzet: traditioneller Pferdemarkt am 28. August (s. S. 8)

gr008

002gr-ug

Junge, stolze Stadt

Die Groninger stört der studentische Trubel nicht weiter. Im Gegenteil. Sie sind stolz auf diese **junge, lebhafte und kreative Stadt.** 97 % der Einwohner gaben in einer Umfrage an, gerne in Groningen zu wohnen. Die meisten von ihnen sind selbst jung: 50 % der Bevölkerung sind keine 35 Jahre alt. Insgesamt studieren 63.500 junge Menschen in Groningen, 42.000 davon wohnen in der Stadt, rund ein Viertel kommt aus dem Ausland.

Menschen mit starkem Charakter

Kann man bei einer so vielfältigen Bevölkerung noch von „dem" Groninger sprechen? Man kann es versuchen. Alteingesessene behaupten: Der Groninger ist **stolz und sparsam.** Als (übertriebenes) Beispiel der Sparsamkeit wird scherzhaft angeführt, dass der Groninger am Abend seine Armbanduhr anhalte und sie am nächsten Morgen wieder aufzöge, um zu vermeiden, dass sich das gute Stück abnutzen könne. Peter den Oudsten, der frühere Bürgermeister von Groningen, sagte über seine Landsleute: „Die Groninger sind auf eine angenehme Weise **sehr direkt** und auch **ein bisschen schroff.** Ich finde das nicht schlimm. Sie nehmen eben kein Blatt vor den Mund."

Mit offenen Armen

Als Besucher lernt man den Groninger nicht als schroffen Mitmenschen kennen. Im Gegenteil: In kaum einer anderen niederländischen Stadt werden Gäste so **freundlich, zuvorkommend und hilfsbereit** empfangen wie in Groningen. Es kann durchaus vorkommen, dass eine deutsche Studentin oder ein Deutsch sprechender Museumsmitarbeiter freundlich ein Gespräch anfängt und einen mit allen wichtigen Informationen versorgt.

⌃ *In der Poelestraat [ID3] das Leben und die Sonne genießen*

Stadt der Superlative

Mancher Rekord, mit dem Groningen sich brüstet, mag nachprüfbar sein. Viel wichtiger ist aber die subjektive Wahrnehmung der Groninger selbst, die den Stolz auf ihre Stadt zeigt.

- **Schönster Supermarkt der Niederlande:** Stilvoller kann man Milch und Bananen nicht einkaufen als in der Albert-Heijn-Filiale in der Korenbeurs [I B4]. In dem neoklassizistischen Gebäude wurde früher Getreide gehandelt.
- **Beste Studentenstadt des Landes:** Bei Umfragen unter Studenten holt Groningen regelmäßig den ersten Platz als beste Studentenstadt der Niederlande. Kriterien sind vor allem die guten Kneipen, die keine Sperrstunde kennen, und die vielen von Studenten organisierten Events.
- **Kreativstes Pissoir der Niederlande:** An der Reitemakersrijge [I B4] kann man wahrlich gegen Kunst „anpinkeln". Der schöne Milchglaspavillon ist ein Entwurf des niederländischen Star-Architekten Rem Koolhaas, die Fotos stammen vom nicht minder berühmten Fotograf Erwin Olaf. Sie zeigen den Streit der Geschlechter.
- **Ästhetischste Tiefgarage:** Am Ossenmarkt in Groningen befindet sich eine spiralförmig angelegte Tiefgarage (s. S. 43), die mit einer die Farben wechselnden Lichtinstallation beeindruckt.
- **Jüngste Stadt der Niederlande:** 63.500 Studenten an der Universität und an der Hochschule, Durchschnittsalter der Einwohner 36 Jahre – da kann keine andere Stadt der Niederlande mithalten.
- **Weltstadt der Radfahrer:** 61 % aller Strecken werden in Groningen mit dem Fahrrad zurückgelegt. So hoch ist der Prozentsatz in kaum einer anderen Stadt der Welt!
- **Der größte Gastronomiebetrieb Europas:** Mehrere Häuser, rund zehn Kneipen und ein Hotel bilden zusammen den größten Gastronomiebetrieb Europas, in dem 3000 Menschen Platz finden (s. S. 60).

Farbwechsel in der Tiefgarage am Ossenmarkt (s. S. 43)

010gr-ug

Arm, aber gebildet

Die Groninger wohnen gerne in ihrer Stadt, da spielt es auch keine Rolle, dass sie eher zu den ärmeren Einwohnern der Niederlande zählen (kein Wunder, bei so vielen Studenten!). Sie verfügen über **23 % weniger verfügbares Einkommen als der Rest des Landes,** obwohl sie doch auf dem größten Gasfeld Nordeuropas sitzen. Dafür sind die Groninger innovativer: Rund **450 Start-up-Unternehmen** zählt die Stadt. Große Arbeitgeber in Groningen sind das Universitätskrankenhaus mit 12.000 Mitarbeitern, die Universität Groningen und die Fachhochschule. Rund 100.000 Menschen besuchen in Groningen täglich irgendeine Form von Unterricht.

Und die Zukunft?

Groningen gehört zu den **am schnellsten wachsenden Städten der Niederlande.** Für das Jahr 2035 erwartet man, dass die Einwohnerzahl auf 266.000 angestiegen sein wird. Auch die Zahl der Touristen nimmt stetig zu. Letztere finden mit dem Forum 8 in der Innenstadt ein modernes Informations- und Beratungszentrum, umringt von Kneipen und Restaurants. Groningen ist eine *gezellige* Stadt.

Damit der Verkehrsfluss von der Stadt ferngehalten wird, wurden P+R-Plätze ausgebaut, und die Ringwege um das Stadtzentrum wurden erneuert. Es entstanden neue Wohnungen, u. a. am Eemskanal und im angesagten Ebbingekwartier rund um The Social Hub (s. S. 65) und das Restaurant DOT (s. S. 52) neben dem Stadstrand [I C1]. Was die Gasförderung betrifft: Sie wurde aufgrund immer wieder auftretender Erdbeben in der Provinz Groningen im Herbst 2023 stillgelegt.

Groningen entdecken

Groningen im Intensivdurchgang

Die wichtigsten Sehenswürdigkeiten der Stadt kann man am besten während eines Stadtrundgangs entdecken, der ein paar Stunden in Anspruch nimmt und mit dem Besuch von Museen und Restaurants durchaus tagesfüllend ist. Wer einen weiteren Tag in und um Groningen verbringen möchte, der sollte über einen Ausflug zur Menkemaborg 15, zur Festung Bourtange 16 oder zum unweit gelegenen Wattenmeer nachdenken. Lieber in der Stadt bleiben? Bei schönem Wetter sind erholsame Stunden im Park Noorderplantsoen 14 oder im Prinsentuin 10 sowie eine Grachtenrundfahrt (s. S. 62) eine Wohltat. Und da wären dann natürlich noch die vielen Geschäfte und Marktstände, die stundenlanges Shoppingvergnügen garantieren. Wer danach noch fit genug ist, der sollte sich unbedingt in das Groninger Nachtleben stürzen. Schlafen ist überflüssig in der Stadt, die niemals schläft.

Stadtspaziergang

Der Stadtspaziergang, der ungefähr einen halben Tag in Anspruch nimmt, beginnt beim Bahnhof (s. S. 42), der bereits ein eigenes Kunstwerk ist. Erbaut 1896 von Isaac Gosschalk, stellt er eine ansprechende Mixtur aus Bauelementen dar, die der Renaissance und Gotik entlehnt

Routenverlauf im Stadtplan
Der hier beschriebene Spaziergang ist mit einer farbigen Linie im Stadtplan eingezeichnet.

sind. Ein Blick in die Wartehalle lohnt sich, denn sie gehört zu den schönsten der Niederlande. Eine sechs Meter hohe, filigrane Eisenlaterne bildet ihr Zentrum. Interessant sind auch die Decken, die mit einer Art Pappmaschee ausstaffiert und kunstvoll verziert sind. Vor dem Bahnhof befindet sich eine schmale, aber auffällige Brücke, über die sich Fußgänger und Radfahrer drängen – sie bildet den direkten Zugang zur Altstadt Groningens. Die Brücke führt am **Groninger Museum** ❶ vorbei, das man unmöglich übersehen kann, denn es ist eine bunte, schräge Mischung aus drei zusammengewürfelten Gebäuden. Am besten plant man – sozusagen mit frischem Geist – einen Museumsbesuch am Anfang des Spaziergangs ein.

Weiter führt der Weg durch die Folkingestraat, an der **Synagoge** ❷ vorbei. Die **Folkingestraat** zählt zu den schönsten Einkaufsstraßen der Niederlande und die Gefahr besteht, dass man sich in den einladenden Geschäften erst einmal verliert. Da hier früher das **Judenviertel** lag, weisen einige Kunstwerke auf das Schicksal der deportierten Juden hin, darunter der Schriftzug an der Mauer (Folkingestraat 9) mit dem Wort „weggehaald“ („weggeholt“).

Die Folkingestraat mündet in den **Vismarkt**, auf dem mehrmals wöchentlich der Markt stattfindet. Wie wär's mit einem *haring met uitjes* (Hering mit Zwiebeln)? Ebenfalls nützlich: Zwischen dem Vismarkt und dem Grote Markt ❽ gibt es öffentliche Toiletten, zu denen Treppen führen.

KURZ & KNAPP

Das Pferd von Onkel Lucas

Eines der Symbole von Groningen ist das „Peerd van Ome Loeks“ (das Pferd von Onkel Lucas), dem vor dem Bahnhof [I B5] eine Skulptur ganz in Weiß gewidmet ist (Künstler Jan de Baat, 1959). Jeder Groninger kennt das Pferd, aber die Geschichte dahinter ist nicht ganz geklärt. Am wahrscheinlichsten ist diese Variante: Das Pferd gehörte dem Pikör und Kneipenbesitzer Lukas „Loeks“ van Hemmen (1876–1955). Als sein berühmtes Rennpferd Appelon dem Stallknecht einen Tritt im Jahr 1920 versetzte, kam Loeks mit einer Mistgabel und drängte das Pferd in eine Ecke, wobei es sich die Nase verletzte, krank wurde und wenige Tage später an einer Kolik starb. Als der Pferdemetzger den Kadaver abholte, sangen ein paar Jungs auf der Straße:

„Peerd van Ome Loeks is dood,
Loeks is dood, Loeks is dood
Peerd van Ome Loeks is dood, hartstikke dood.“

„Das Pferd von Onkel Loeks ist tot“ wird heute noch als Studentenlied in Groningen auf die Melodie „Oh, du lieber Augustin“ gesungen.

012gr-ug

Ganz in Weiß: das Pferd von Onkel Lucas

Groningen zum Durchatmen

In der lebendigen Universitätsstadt kann es manchmal recht wuselig zugehen. Studenten rasen auf dem Fahrrad zur nächsten Vorlesung, in den Geschäften tummeln sich die Schnäppchenjäger und auf dem Markt werden die letzten Waren lautstark angeboten. Dann sehnt man sich nach einer kleinen Pause, etwas Ruhe oder einer Erfrischung. Diese Orte bieten sich dafür an:

- **Der Stadtstrand:** im Sommer ein paar Runden im Wasser drehen, danach auf dem Sandstrand relaxen oder auf der Terrasse des DOT (s. S. 52) einen Drink genießen. Der Groninger Stadtstrand [I C1] ist kostenlos zugänglich.
- **Forum Groningen** 8: Zwischendurch mal eine Mail beantworten oder den Reiseführer genauer studieren? Im Forum gibt es zahlreiche Arbeitsplätze und bequeme Lesesessel, verteilt über mehrere Etagen und teilweise mit traumhaftem Ausblick auf den Martinitoren 9. Der WLAN-Zugang ist gratis, den Zugangscode gibt es im Eingangsbereich an der Infotheke.
- **Prinsentuin** 10: Lustwandeln zwischen Rosen oder schattenspendenden Hecken. Früher kamen hier – im Garten des Prinsenhofs – die Adligen zusammen, heute sind es Familien und Studenten. Zu Füßen der Sonnenuhr lässt es sich gut schmökern oder ein mitgebrachtes Picknick genießen.
- **Noorderplantsoen** 14: Der schöne Park grenzt im Nordwesten von Groningen an die Innenstadt. Mit einem Klettergerüst für die Kinder und dem beliebten Café Zondag (s. S. 50) kann man hier prima ein paar Stunden zwischen See, Musikpavillon und Wasserfontänen verbringen. Gut zu wissen: Es gibt auch öffentliche Toiletten.
- **Die Gärten der Hofjes** (s. S. 36): Ruhe und Idylle pur finden sich dort, wo früher ältere Damen ihren Lebensabend verbrachten.

☐ *Eines der vielen Hofjes der Stadt, die hier auch „gasthuizen" genannt werden*

084gr-ug

Groningen verfügt über viele Cafés, die besonders nach Feierabend beliebt sind

Auf dem Vismarkt stößt man, von der Folkingestraat kommend, auf die **Korenbeurs** im neoklassizistischen Stil. Erbaut 1865, wurde hier früher Getreide gehandelt. Dank der großen Fenster konnte die Qualität der Ware gut beurteilt werden. Heute hat sich in der Korenbeurs eine Albert-Heijn-Filiale niedergelassen, die zu den schönsten Supermärkten der Niederlande zählt (s. S. 17). Es lohnt sich, einen Blick hineinzuwerfen (oder sich etwas zu trinken zu holen), denn die Börse ist ein ansprechendes Bauwerk.

Hinter der Korenbeurs, linker Hand, steht die A-Kirche, der Platz davor heißt **A-Kerkhof** oder Akerkhof 3. Die A-Kerk wird nicht mehr für Gottesdienste, sondern für Events genutzt, daher ist sie nicht zu besichtigen. Zusammen mit dem **Martinitoren** 9 fungiert sie als eine Art Wegweiser in der Stadt. Über die Brugstraat sind es nur ein paar Schritte weiter zur **Hoge der A und Lage der A** 5, ein etwas komplizierter Name für die Stadtgracht. Wer Lust hat, kann hier einen Kaffee mit Grachtenblick auf der Terrasse des Café De Sigaar trinken (s. S. 60).

Der Weg führt zurück zur Korenbeurs und dann links in die Stoeldraaierstraat, die nach wenigen Metern den Namen Oude Kijk in Het Jatstraat trägt. Hier steht das **Universitätsmuseum** 6 mit einem sehenswerten Sammelsurium aus verschiedenen Instrumenten und Anschauungsobjekten. Unweit des Universitätsmuseums befindet sich das **Akademiegebäude** 7, das nicht zu übersehen ist.

Das monumentale Gebäude verdeutlicht die Relevanz der Universität für die Stadt. Im Gebäudeinnern kann man sich den prachtvollen Treppenaufgang mit den Buntglasfenstern ansehen oder – im Rahmen einer Stadtführung (s. S. 55) – einen Blick in das Fakultätszimmer und die Aula werfen. Am Akademiegebäude und am Eckgebäude des Restaurants

Mr. Mofongo (Tipp: einen Tisch fürs Abendessen reservieren, s. S. 54) vorbei geht es rechts in Richtung **Martinitoren** (Martini-Turm), dessen Spitze die Stadt überragt. Es lohnt sich, die 251 Stufen nach oben zu steigen und sich einen Überblick zu verschaffen. Auch die **Martinikerk** 9 mit ihrem himmelblauen Gewölbe und den Fresken ist einen Besuch wert. Hinter der Martinikerk liegt der Martinikerkhof, eine schöne Grünfläche, die von historischen Gebäuden wie dem Provinzhaus im Stil der Neorenaissance gesäumt wird. Am Martinikerkhof befinden sich auch der Prinsenhof 10 und dahinter der Prinsentuin.

Zurück am Grote Markt 8 gibt es mehrere Anlaufpunkte: Drie Gezusters ist Europas größte Kneipe (s. S. 60). In der Nähe befinden sich das Forum mit Touristeninformation und das Stadhuis mit dem dahinter liegenden Goudkantoor.

Zum Abschluss des Stadtspaziergangs kann man sich noch einen (oder auch mehrere) der idyllischen **Hofjes** ansehen, die in südlicher Richtung des Grote Markt liegen.

Wahrzeichen der Stadt: der fast 200 m hohe Martiniturm 9

Erlebenswertes im Zentrum

1 Groninger Museum ★★★ [I C5]

Von außen ebenso spektakulär wie von innen: Das bedeutendste Kunstmuseum der nördlichen Niederlande zeigt u. a. Kunsthandwerk, Gemälde des 17. Jahrhunderts und moderne sowie zeitgenössische Kunst. Vor allem die Porzellansammlung wird auf eine nahezu magische Weise präsentiert.

Als ob jemand mit überdimensionalen, bunten Bauklötzen gespielt hätte: Ein gelbes Rechteck ragt in den Himmel, ein weißer Zylinder ruht auf einem Quadrat im Wasser, und auf einer anderen Insel „kleben“ Kuben an einem kunterbunt gefliesten Gebäude. Der italienische **Architekt Alessandro Mendini** durfte sich hier ausleben, denn der damalige Museumsdirektor Frans Haks zeigte Mut. Das Geld stand ebenfalls zur Verfügung, stellte doch die Nederlandse Gasunie 1987 die stolze Summe von 25 Millionen Gulden (rund 11 Millionen Euro) für den Museumsbau zur Verfügung.

Mendini beauftrage weitere Architekten für die Gestaltung der drei Pavillons: den Italiener Michele de Lucchi, Philippe Starck aus Paris und die österreichische Künstlergemeinschaft Himmelb(l)au. Aber auch niederländische Designer holte er mit ins Boot. So entwarf Maarten Baas die Restaurantausstattung und Stu-

014gr-ug

dio Job sowie einen Raum namens Job Lounge. Das Info Center stammt von Jaime Hayon.

Schon die **Lage im Wasser** zwischen Bahnhof und Innenstadt ist spektakulär – und unausweichlich überquert fast jeder Tourist und Pendler die schmale Brücke am Museum. Übrigens ist auch die Skulptur auf der Brücke vor dem Museumseingang ein Werk Mendinis. Ebenfalls von ihm stammt der Eingangsbereich unterhalb des goldgelben Turms, in dem eine Wendeltreppe mit bunten Mosaiksteinen nach unten führt. Im Zentrum der spiralförmigen Treppe steht ein Podest mit einer großen Kristallkugel darauf: eine der größten **Swarovski-Kugeln** der Welt. Über das Untergeschoss sind die jeweiligen Pavillons miteinander verbunden.

Welche Kunstwerke gibt es in diesem Kunstwerk zu sehen? Der runde Pavillon von Philippe Starck zeigt **Keramik und Porzellan**, u.a. aus China, sowie Delfter Blau, präsentiert in einer zauberhaften Umgebung: Weiße Vorhänge – von der Decke bis zum Boden – bilden tunnelförmige Durchgänge, die immer wieder den Blick auf die Vitrinen mit Keramik freigeben. Dadurch hört man andere Museumsbesucher miteinander reden, doch man sieht sie nicht.

Michele de Lucchi war für den Pavillon verantwortlich, in dem die **Stadtgeschichte Groningens** thematisiert wird. Anhand von frühgeschichtlichen, mittelalterlichen und modernen Objekten wird erläutert, wie sich Groningen im Laufe der Jahrhunderte entwickelte. Zudem gibt es eine ständige Ausstellung mit Werken aus der eigenen Kollektion sowie einen Bereich mit **Groninger Silber** und einen Raum mit **Porträts berühmter Groninger**, unter ihnen Aletta Jacobs, die erste Studentin der Niederlande (s. S. 30).

Auch das Gebäude ist ein Kunstwerk: Groninger Museum 1

083gr-ug

Weitere, mit bunten Wänden versehene Räume zeigen Werke der **Künstlergruppe Ploeg**, die ihren Ursprung in Groningen hatte. Der nordeuropäische Expressionismus präsentiert sich in farbenfrohen Bildern mit intensiven Rot-, Gelb- und Blautönen, ergänzt um Orange, Grün und Lila. Ploeg-Vertreter waren Jan Wiegers, Johan Dijkstra, Jan Altink, H.N. Werkman und Simon Steenmeijer. Inspiriert wurden sie u. a. von dem deutschen Expressionisten Ernst Ludwig Kirchner.

Im Himmelb(l)au-Pavillon (bunte Klötze) werden hauptsächlich **Wechselausstellungen** gezeigt, u. a. zu bestimmten Themen der Groninger Geschichte, aber auch zeitgenössische Kunst, beispielsweise Werke des niederländischen Künstlers Maarten Baas. Sehr beliebt war die große Rolling-Stones-Ausstellung im Jahr 2023.

› Museumeiland 1 („Museumsinsel", neben dem Bahnhof), www.groninger museum.nl, Eintritt: Erw. ca. 15 €, Kinder und Jugendliche bis 18 Jahre frei, geöffnet: Di.–So. 10–17 Uhr, Erklärungen zu den Werken auch in deutscher Sprache

2 Synagoge ★★ [I C4]

Ein Hauch von Alhambra weht durch die Synagoge mit ihren maurischen Fensterbögen, den Majolika-Fliesen und den rot gefärbten Steinen.

Vor rund 115 Jahren war die Synagoge für die inzwischen auf 2800 Mitglieder angewachsene jüdische Gemeinde in Groningen zu klein geworden. Ein neuer, größerer Bau musste her. Doch einen geeigneten jüdischen Baumeister konnte man nicht finden und so wählte man die in Friesland geborenen Architekten Tjeerd Kuipers und Ytzen van der Veen. Sie entschieden sich für einen christlichen, also kreuzförmigen Grundriss und für **maurische Elemente.** Die Inspiration dazu erhielten sie während einer Studienreise durch Deutschland, als sie die Synagoge in der Berliner Oranienburger Straße besichtigten. Sie hatten freie Wahl, denn einen typisch „jüdischen" Baustil gab es nicht und man hielt maurische Elemente für passend.

Im Jahr 1906 wurde die neue Synagoge geweiht. Sie verfügte über 400 Sitzplätze für Männer im unteren Bereich und 150 Sitzplätze für die Frauen im oberen Bereich. Zur

Synagoge gehörten auch **Mikwaot**, Bäder für die rituelle Reinigung. Über der Synagoge prangt ein Schriftzug, der übersetzt ungefähr so lautet: „Gesegnet sind die, die hier ein- und ausgehen".

Als zwischen 1942 und 1943 fast alle jüdischen Bewohner der Stadt in Konzentrationslager verschleppt wurden (u.a. nach Auschwitz und Sobibor), verfiel die Synagoge. Sie wurde als Lager für beschlagnahmte Gegenstände wie Radios genutzt. Nach dem Krieg kehrten lediglich 200 Juden nach Groningen zurück – nicht aus den Konzentrationslagern, sondern aus ihren Verstecken. Für den Aufbau einer neuen jüdischen Gemeinde war das nicht genug und man wollte die Synagoge verkaufen. Eine **chemische Reinigung** ließ sich in dem schönen Gebäude nieder (und machte viel kaputt). Erst durch die Einrichtung einer Stiftung konnte die Synagoge 1975 vor dem Untergang bewahrt werden.

Die Synagoge mit ihren Nebenräumen wird heute noch von der jüdischen Gemeinde für die **Sabbatfeier**, für jüdische Feste sowie für den Hebräisch-Unterricht genutzt. Auch die zwei Mikwaot wurden ausgehoben und können besichtigt werden.

Die jüdischen Gemeindemitglieder wohnten hauptsächlich in und rund um die Folkingestraat [I C4], in der noch einige Kunstwerke an die deportierten Juden erinnern, darunter der **Schriftzug** „weggehaald" („weggeholt") zwischen den Häusern 9 und 11.

› Folkingestraat 60, www.synagogegroningen.nl, Eintritt: 5 €, mit Führung 7,50 €, geöffnet: Jan., Febr. Mi., Fr., So. 13–17, März–Juni u. Okt.–Dez. Di.–Fr., So. 13–17, Juli–Sept. Di., Mi., So. 13–17, Do., Fr. 10.30–17 Uhr, Führungen zu jeder vollen Stunde

015gr-ug

③ A-Kerk und Akerkhof ★ [I B4]

Der ungewöhnliche Name stammt vom Fluss Aa, an dem Kirche und Friedhof *(kerkhof)* standen. Der ursprüngliche Name lautete *Kerk van Onze Lieve Vrouwe ter Aa* (Kirche unserer Lieben Frau an der Aa), doch nach der Reformation wurde sie zur Aa-Kerk bzw. A-Kerk. Ihr auffälliger, 76 m hoher und schön geschwungener Turm mit den gelblichen Verstrebungen gehört zu den beliebtesten Fotomotiven der Stadt.

Das Gotteshaus wurde zwischen 1425 und 1495 als Kreuzbasilika errichtet, im Lauf der Jahre waren aufgrund von Kriegen und Blitzeinschlä-

Der Turm der A-Kerk

Die Synagoge ② zeigt maurische Stilelemente im hohen Norden

Ein Geschenk, das man lieber nicht bekommen möchte

Man findet sie noch in einigen niederländischen Museen: die Staffordshire-Hunde aus Steingut, auch „Schifferhündchen" genannt. Sie zierten im 19. Jahrhundert so manchen Kaminsims im heimischen Wohnzimmer. Die Frauen waren stolz auf die kleinen Hündchen, denn sie waren Geschenke ihrer Männer, die sie von ihren Seereisen mitbrachten. Was die Ehefrauen nicht wussten: Die Staffordshire-Hunde waren ein Beweis für die Untreue des Ehemannes, denn sie stammen von englischen Prostituierten. Da es früher gesetzeswidrig war, dem horizontalen Gewerbe nachzugehen, verkauften die Prostituierten solche Hündchen. So bezahlten die Kapitäne nicht für die „Liebesdienste", sondern für die Steinguthunde, die sich zudem gut als Geschenk für die Ehefrauen eigneten. Noch eine weitere Bedeutung hatten die Vierbeiner. Sie standen im Fenster der Prosituierten und schauten sie nach draußen, war die Dame noch zu haben. Kehrte der Hund dem Fenster den Rücken zu, war sie beschäftigt.

016gr-ug

gen viele Renovierungen nötig. So knickte die Turmspitze während eines Sturms im Jahr 1671 ab; 1710 stürzte der ganze Turm ohne ersichtlichen Grund ein, wobei zwei Menschen ums Leben kamen.

Im Kircheninneren befindet sich eine **Orgel des deutschen Orgelbauers Arp Schnitger** aus dem Jahr 1702, weshalb die Kirche auch als Austragungsort für sommerliche Orgelkonzerte dient. In der A-Kerk finden auch weitere Veranstaltungen statt.

Der der Kirche vorgelagerte Platz namens **A-Kerkhof** ist eigentlich eine Verlängerung des Vismarktes. An ihm befinden sich die Korenbeurs (Kornbörse), die einen Albert-Heijn-Supermarkt beherbergt (s. S. 17), und Geschäfte des höheren Preissegments.

› **A-Kerk,** Akerkhof 2, geöffnet: Di.–Sa. 10–17, So. 12–17 Uhr, Eintritt: 2 €

4 Museum aan de A ★★ [I B4]

Das Museum aan de A ist der Nachfolger des Noordelijk Scheepvaartmuseums. Im Rahmen einer **mehrjährigen Renovierung** bis mindestens 2026 ist die Dauerausstellung nicht zu sehen, es werden jedoch Wechselausstellungen und zahlreiche Aktivitäten organisiert.

Untergebracht ist das Museum im Canterhuis und im Gotischen Haus, die aus dem 14. Jahrhundert stammen und damit die ältesten Steinhäuser Groningens sind. Die alten Steinmauern sind von sieben Jahrhunderten Baugeschichte gezeichnet.

Aus dem reinen Schifffahrtmuseum wird in den nächsten Jahren ein Museum, das auch die **Geschichte der Stadt und der Provinz Groningen** beleuchtet. Erfolge kommen ebenso zur Sprache wie Schattenseiten: Vom

Sieg des Generals Rabenhaupt während der Belagerung Groningens im Jahr 1672 bis zur Verwicklung der Stadt in die Sklaverei, von Groninger Pionierinnen bis zu Informationen über die durch Gasförderung verursachten Erdbeben in der Provinz Groningen. Und natürlich spielt nach wie vor die Schifffahrt eine große Rolle. Denn ohne Schifffahrt wäre Groningen nicht Groningen.

Die Geschichte der Stadt soll aus mehreren Perspektiven erzählt und mit aktuellen Themen verknüpft werden. Das Museum hat sich zum Ziel gesetzt, Diskussionen nicht auszuweichen, sondern diese anzuregen.

› Brugstraat 24, weitere Informationen zu Ausstellungen und Öffnungszeiten: www.museumaandea.nl

An den Kaimauern an der Aa lässt es sich herrlich entspannen

5 Hoge der A und Lage der A ★★★ [I B3]

Die pure Nordholland-Idylle: eine Gracht, in der alte Segelschiffe schaukeln, gesäumt von einem Kai mit historischen Herren- und mehrstöckigen Lagerhäusern, hinter denen die A-Kerk 3 hervorragt.

Zugegeben, der Name ist kompliziert: Die „Aa“ ist ein kleiner Fluss, der durch die Provinzen Groningen und Drenthe fließt und daher auch den Beinamen Drentsche Aa trägt. Auch durch die Stadt Groningen strömt die Aa, an ihrem Ufer steht u.a. die Aa-Kerk. Im Lauf der Zeit wurde aus der Aa einfachheitshalber die A. Und nun zum „Hohen und Lagen“: Das bezieht sich auf die Kaimauern, die die Aa in Groningen säumen. Östlich des Kanals liegt die hohe Kaimauer, westlich die „lage“, also niedrige, **Kaimauer.** Man geht davon aus, dass bei Flut an der hohen Kaimauer die Ladungen der Schiffe gelöscht wurden und bei Ebbe an der niedrigen. Bis 1877 waren die Gezeiten der Nordsee in der Stadt spürbar, ab dann regulierten Schleusen den Wasserstand.

Heute grenzen an den Fluss A in Groningen die Straßen Hoge der A und Lage der A, in denen historische Lagerhäuser wie das Pakhuis Libau aus dem 13. Jahrhundert (Hoge der A 5) und das Pakhuis London (Hoge der A 21) stehen. Viele der Gebäude sind denkmalgeschützt. Recht neu dagegen ist das öffentliche **Pissoir** des bekannten niederländischen Architekten Rem Koolhaas an der abzweigenden Straße Reitemakersrijge, dessen Milchglas-Wände blau-weiße Fotografien des Star-Fotografen Erwin Olaf zieren („der Kampf der Geschlechter"). Hier pinkelt man regelrecht gegen Kunst an (leider nur für Männer).

Im Norden mündet die Aa in den Reitdiep, an dieser Stelle liegt der **Noorderhaven.** Er ist nicht mehr als ein etwas breiterer Teil der Stadtgracht („diepenring"), in dem einige Hausboote und historische Segelschiffe ankern. Er liefert einen bunten, interessanten Anblick mit teilweise gepflegten, teilweise halb vergammelten Schiffen, auf deren Decks bunte Blumentöpfe stehen oder Unterhosen an der Wäscheleine im Wind baumeln. Bis 2010 war er der letzte Freihafen der Niederlande, in dem Schiffe anlegen konnten, sofern ein Platz frei war. Nachdem aber die etwas in die Jahre gekommenen Hausboote nicht mehr von der Stelle wichen, beschloss man, in Zukunft nur noch gut unterhaltene, historische Segelschiffe zuzulassen.

6 Universiteitsmuseum (Universitätsmuseum) ★★ [I B3]

Das Universiteitsmuseum ist ein kleines, aber feines Museum. Anhand von Instrumenten, Demonstrationsobjekten und präparierten Tieren wird über 400 Jahre akademische Forschung informiert. Vor allem im „anatomischen Theater" gibt es einiges zum Gruseln.

Das Universitätsmuseum ist eine versteckte Perle inmitten der lebhaften Innenstadt. Im Erdgeschoss werden **Wechselausstellungen** zu wissenschaftlichen Themen gezeigt, die so interessant aufbereitet sind, dass sich keiner langweilt – selbst Kinder nicht. Im Obergeschoss befindet sich die **Dauerausstellung.** Hier ist das Original-Sprechzimmer von **Aletta Jacobs** (s. S. 30) zu sehen, der ersten Studentin der Niederlande und späteren Ärztin und Frauenrechtlerin. Weiterhin gibt es einen großen Saal, den man als **historisches Kabinett** bezeichnen kann, ein Sammelsurium von Lehrobjekten aus den letzten Jahrhunderten. Man findet einen Antimonitkristall ebenso wie alte

Im Universitätsmuseum gibt es anatomische Exponate zum Gruseln

Mikroskope, einen Hygrometer und in Formalin aufbewahrte tätowierte Hautstücke. Aber auch ein aufgeschraubter Fernseher aus dem Jahr 1948 und eine Camera obscura von 1750 sind zu sehen. Allein in diesem Saal könnte man wegen der interessanten Objekte in den Vitrinen ewig bleiben. Vom Kabinett führt der Weg in einen kleinen Nebenraum, der als **„anatomisches Theater"** bezeichnet wird und nicht unbedingt etwas für Zartbesaitete ist: Gezeigt wird die Speiseröhre eines Menschen, der sein eigenes Gebiss verschluckt hat und daran erstickt ist. Zu sehen sind auch „siamesische Zwillinge", ein Zyklopen-Baby (mit einem Auge) und eine Hand mit Pocken – all das in durchsichtiger Konservierungsflüssigkeit in Glasbehältern.

› Oude Kijk in Het Jatstraat 7A, www.rug.nl/society-business/university-museum, geöffnet: tägl. außer Mo. 13–17 Uhr, Eintritt: 7,50 €

7 Academiegebouw (Akademiegebäude) ★ [I B3]

Eine altehrwürdige Universität braucht ein entsprechend repräsentatives Gebäude. Das Akademiegebäude der 1614 gegründeten Universität wird dieser Aufgabe gerecht. Allerdings sieht es älter aus als es ist, denn es wurde erst 1909 nach Plänen von J.A. Vrijman im Stil der Neorenaissance errichtet.

Abbildungen der Vorgängerbauten kann man sehen, wenn man im Gebäudeinneren die monumentale Treppe hinaufgeht und dort das **riesige Buntglasfenster** studiert. Dort ist das Akademiegebäude aus dem Jahr 1614 dargestellt, das nach über 200 Jahren Nutzung in einem solch erbärmlichen Zustand war, dass es abgerissen werden musste. Das zweite, klassizistische Gebäude war erheblich monumentaler, wurde allerdings 1906 durch einen Brand vernichtet. Drei Jahre später konnte das heutige Akademiegebäude eingeweiht werden, an dessen Fassade in den Giebeln Minerva, die Göttin der Weisheit, und die Göttinnen Scientia und Historia bestaunt werden können.

In der prachtvollen **Aula** im ersten Stock werden u.a. die Eröffnung des akademischen Jahres und Promotionen gefeiert. Dabei wird auch so manche (langatmige) akademische Rede gehalten. Man sagt, das Wandgemälde („Baum der Erkenntnis" der Groninger Künstler Matthijs Röling und Wout Muller aus dem Jahr 1987) hin-

019gr-ug

Ein Wimmelbild gegen ermüdende Vorlesungen (in der Aula der Uni)

Aletta Jacobs (1854–1929): die erste Studentin der Niederlande

„Die Unterzeichnende nimmt sich höflich die Freiheit, sich mit einer Bitte an Ihre Exzellenz zu wenden, sodass Ihre Exzellenz ihr wohlgesonnen (...) die Zustimmung geben möge, am akademischen Unterricht in Groningen teilnehmen zu dürfen." Diesen Wunsch ließ die damals siebzehnjährige Aletta Jacobs im Jahr 1871 über ihren Vater an Minister Thorbecke senden. Als Antwort bekam der Vater: „Die Teilnahme einer Frau an diesen Vorlesungen wird – so scheint es – der erste Versuch dieser Art hierzulande sein." Und dieser Antrag wurde gewährt – von keinem Geringeren als König Willem III. Damit war Aletta Jacobs die erste Studentin der Niederlande. Nach erfolgreich abgeschlossenem Studium wurde Aletta Ärztin und Kämpferin für Frauenrechte. Sie trat für das Wahlrecht der Frauen ein, was erst 1922 von Erfolg gekrönt war, als dieses Recht in der Verfassung verankert wurde – einige Jahre später als in Norwegen, Polen und Deutschland. Das original erhaltene Sprechzimmer der Aletta Jacobs ist im Universiteitsmuseum 6 zu sehen.

ter dem Rednerpult sei nur deshalb so überladen und mit interessanten Details in der Art eines Wimmelbildes bestückt, damit die Studenten bzw. Zuhörer während einer längeren Rede nicht einschlafen, sondern sich mit der Komplexität des Wandgemäldes wach halten können.

Unter den **Buntglasfenstern** in der Aula fällt eines mit dem Buchstaben W auf. Königin Wilhelmina schenkte es der Universität Groningen als Dank dafür, dass man ihr 1914 den Ehrendoktortitel verliehen hatte. Im rechten Fenster sind u. a. die Professoren Petrus Camper (Arzt und Anatom) und Jacobus Cornelius Kapteyn (Astronom) abgebildet.

Die Wände im **Senatssaal** sind mit den Porträts der Professoren bestückt. In den **Fakultätszimmern** im ersten Stock, u. a. Medizin, Theologie und Jura, werden die Promotionsurkunden ausgehändigt und Verhandlungen abgehalten.

Berühmte Studenten der Universität Groningen waren Frits Zernike (Nobelpreisträger Physik), Ben Feringa (Nobelpreisträger Chemie), Klaas Knot (Präsident der Nederlandsche Bank) und Wubbo Ockels (erster niederländischer Astronaut).

› Broerstraat 5

8 Grote Markt mit Stadhuis (Rathaus) und Forum Groningen ★★★ [I C3]

Am Grote Markt schlägt das Herz der Stadt. Hier stehen der „alte Graue", der Martiniturm 9, und die dazugehörige Martinikirche sowie Europas größte Kneipe, Drie Gezusters (s. S. 60), die sich über einen ganzen Häuserblock erstreckt. Für Trubel sorgt nicht zuletzt der fast täglich stattfindende Markt zu Füßen des Rathauses.

Das **Stadhuis (Rathaus)** wurde von Jacob Otten Husly im klassizistischen Stil erbaut und sollte das alte, mittelalterliche „Wein- und Rathaus" (welch eine Kombination!) ersetzen, da es zu klein geworden war. 1775 wurde der alte Bau abgerissen. Doch bevor das neue Rathaus an dieser Stelle stand, dauerte es eine Weile: Der erste Entwurf war zu teuer, dann marschierten französische Truppen ein. Im Jahr 1810 war das neue Rathaus endlich fertig. Heute tagt hier der Stadtrat, Ehen werden geschlossen und im Alten Ratssaal tragen sich prominente Besucher in das Goldene Buch der Stadt ein. Das Rathaus steht an der Westseite des Grote Markt und wer vom Haupteingang aus gesehen rechts herum geht, der entdeckt erst eine Büste von General Rabenhaupt, der Groningen vor der Armee des Bischofs von Münster schützte, und dann an der Rückseite Einschusslöcher, die aus dem Zweiten Weltkrieg stammen.

Der **Goudkantoor** (Goldkontor) hinter dem Rathaus wurde 1635 im Stil der niederländischen Renaissance errichtet. Das prachtvolle Backsteingebäude mit der reich geschmückten Fassade mit Muschelverzierungen und dem geschwungenen Giebel diente früher als Steueramt, daher auch die Aufschrift: *Date Caesari quae sunt Caesaris* („Gebt dem Kaiser, was des Kaisers ist"). Der Name Goldkontor stammt aus der späteren Verwendung als Goldschätzstelle. Heute ist im Gebäude ein Restaurant (s. S. 51) untergebracht.

Nahe der Martinikerk 9 ragt ein 45 m hohes Gebäude in den Himmel. Bei ihm handelt es sich um das **Groninger Forum**, ein Kultur- und Informationszentrum. Der eigenwillige Bau erinnert ein bisschen an ein verdrehtes und auseinandergerissenes Rechteck, das in der Mitte eine zackige Glaswand besitzt. Drinnen versetzt es Besucher ins Staunen: 14 kreuz und quer den Innenraum durchmessende **Rolltreppen** verbinden zehn Stockwerke. Es macht richtig Spaß, mal eben rauf- und wieder

Augen auf vor dem Forum!
Hier fließt ein rund 30 cm breiter „Bach" über flachen Treppen mitten durch die Fußgängerzone. Wer von dem skurrilen Bauwerk so begeistert ist, dass er nur nach oben schaut, kann leicht nasse Füße bekommen.

110gr-ug

Das Forum Groningen überrascht mit hochmoderner Architektur

runterzufahren – und zwischendurch vielleicht einen Kaffee in diesem spektakulären Gebäude zu trinken. Im Groninger Forum haben sich u.a. die Touristeninformation (s.S.55), die Bibliothek, ein Kino und mehrere Cafés angesiedelt. Von der Dachterrasse bietet sich ein spektakulärer Ausblick über die Stadt und es finden auch Events statt.

Für viele nicht unwichtig dürfte das Häuserviertel an der Südseite des Grote Markt sein. Hier befindet sich Europas größter Gastronomiebetrieb bzw. Europas größte Kneipe (da scheiden sich die Geister), die **Drie Gezusters.** Wie dem auch sei: Mit über zehn Kneipen-, Bar- und Restaurantbereichen sowie einem Hotel ist hier vom frühen Morgen bis zum nächsten frühen Morgen für alles gesorgt, was Leib und Seele zusammenhält und zudem auch noch richtig Spaß macht. In der Nacht locken Drehbar, Cocktails und gute Musik bis zum Morgengrauen. Doch auch am Nachmittag auf der sonnigen Terrasse am Grote Markt kann man es mit Groninger Bier und „Eierball" (s.S.45) gut aushalten.

› Rathaus, Grote Markt 1, geöffnet: Mo.–Fr. 8–18 Uhr, außerdem im Rahmen der Stadtführung
› Forum Groningen, Nieuwe Markt 1, https://forum.nl, geöffnet: Mo.–Sa. 9–24, So. 10–23 Uhr

9 Martinikerk und Martinitoren ★★★ [I C3]

Ganze 500 Jahre ist er alt und stolze 97 Meter hoch, und dennoch wird der Martiniturm von seinen Groningern respektlos (oder liebevoll, man kann es sich aussuchen) *Olle Grieze*, „Alter Grauer", genannt. Die dazugehörige Kirche ist die älteste und größte der Stadt.

Der Bau der Martinikirche begann um 1230 im romanischen Stil. Das Bauwerk in Form einer Kreuzbasilika verfügt über ein Hauptschiff, zwei Seitenschiffe, ein Querschiff und eine Apsis. Da die Stadt Groningen wuchs und immer mehr Kirchgänger und Pilger in das Gotteshaus drängten (es beherbergte schließlich eine ganz

Wandmalereien unter dem himmelblauen Kirchendach

besondere Reliquie, den Arm von Johannes dem Täufer), wurde sie zwei Jahrhunderte später erweitert: mit einem **gotischen Chor**, höheren und breiteren Seitenschiffen sowie einem Kreuzgiebeldach – alles im Sinne der Gotik, die das göttliche Licht in das Kirchengebäude hineinlassen wollte. Während der sog. **Reductie van Groningen** im Jahr 1594 wurde Groningen von den katholischen Spaniern befreit. Seitdem ist die Kirche in protestantischer Hand; Reliquien und Heiligenabbildungen wurden entfernt und die Mauern wurden weiß gekalkt. Erst 1923 brachte man die alten Wandmalereien wieder ans Licht, u. a. die schönen **Fresken**, deren älteste aus dem späten 14. Jh. stammt und Maria auf dem Thron des Salomon zeigt. Dieses Fresko befindet sich an der zweiten Säule im linken, südlichen Seitenschiff mit Blick auf die Orgel (siehe den Kirchengrundriss, der am Eingang der Martinikerk auch in deutscher Sprache ausgegeben wird). Auf der anderen Seite sieht man im Kreuzrippengewölbe Abbildungen von Johannes dem Täufer und dem heiligen Martin, dem Namensgeber der Kirche.

Die **Orgel von Arp Schnitger** gehört zu den größten Barockorgeln Nordwesteuropas. Schnitger baute die bestehende Orgel, deren älteste Teile noch aus der Zeit vor 1450 stammten, zu ihrer heutigen Form aus – mit einem rund neun Meter hohen Bassturm. Im Jahre 1730 wurde sie noch einmal erweitert. Mit ihren 53 Stimmen ist die Martiniorgel das größte historische Instrument im Norden des Landes.

Die **Wandmalereien** unter dem himmelblauen Kreuzrippengewölbe im Hauptflügel stammen aus der Zeit zwischen 1535 und 1540 und zeigen im Süden Szenen aus dem Weihnachtszyklus (u. a. Verkündigung durch den Erzengel Gabriel, Geburt Christi, Anbetung der Heiligen Drei Könige) und im Norden Szenen aus dem Osterzyklus (u. a. das letzte Abendmahl und die Kreuzigung).

Wer durch die Kirche geht, sollte aufpassen, denn einige Grabsteine ragen ein Stück aus dem Boden hervor. Rund **300 Grabplatten** pflastern den Kirchenboden, doch es ruht dort niemand mehr. In den 1930er-Jahren wurde die Kirche komplett geräumt. Seit 1829 war es verboten, Tote in der Kirche zu bestatten, denn das Öffnen der Gräber behinderte den Gottesdienst und hinterließ zudem im Kirchenraum einen unangenehmen Leichengeruch. Außerdem wusste man inzwischen, dass Kirchenbestattungen nicht sonderlich hygienisch

022gr-ug

Der „Alte Graue" ist das Wahrzeichen der Stadt

waren und damit die Seuchengefahr stieg.

Heute wird die **Martinikerk** an Sonntagen für Gottesdienste genutzt, an anderen Tagen u. a. für Ausstellungen oder Veranstaltungen. Wann genau die Kirche zu besichtigen ist, erfährt man auf der Website.

Die Vorgängertürme des **Martinitoren** wurden beide durch Blitzeinschläge vernichtet. Mit dem Bau des heutigen Turms begann man im 16. Jahrhundert. Als er im Jahr 1554 die stattliche Höhe von 100 Metern erreicht hatte (damals einer der höchsten Türme der Niederlande!), kamen Bürger auf die glorreiche Idee, den Abzug einer wallonischen Soldatengarnison mit einem Freudenfeuer auf dem Martinitoren zu begehen. Das Ende vom Lied: Die Spitze ging in Flammen auf und der Turm schrumpfte auf die heutigen 97 Meter (inklusive der Windfahne, die den Schutzheiligen der Kirche, St. Martin, zeigt). Wie auch der Turm in Leeuwarden 17 ist der Martinitoren nicht komplett gerade: Er neigt sich um 70 cm zur Seite.

Bis zur Höhe von 90 Metern könnte man den Turm über 370 Stufen theoretisch besteigen, doch dann steht man mitten in der Krone und das ist nur dem Personal vorbehalten.

Besuchern ist die **Turmbesteigung bis zu einer Höhe von 56 Metern** über 251 Stufen erlaubt. Der Aufstieg ist etwas anstrengend, denn er erfolgt über eine schmale, jahrhundertealte Wendeltreppe. Bei Gegenverkehr kann es schon mal eng werden, doch es gibt immer wieder Stellen zum Ausweichen. Im ersten Stock hängt ein dickes Seil ... man darf daran ziehen! Dann setzt sich die Kirchenglocke des Martinitoren in Bewegung, wobei man selbst in die Luft gehoben wird.

Weiter geht es nach oben und Besucher gelangen hinaus auf die Balustrade in 40 Metern Höhe (174 Stufen), die einmal um den Turm herumführt. Von hier aus hat man einen schönen Blick über die Dächer der Stadt und auf eine **Sonnenuhr** aus dem Jahr 1748, die älteste der Niederlande. Wer möchte, gelangt durch eine weitere Tür und über eine andere Treppe noch etwas höher zu einer Plattform unter den Glocken. Dort oben beobachtete bis zum Beginn des letzten Jahrhunderts der Turmwächter die Stadt und schlug Alarm, sobald er einen Brand entdeckte. Auf der Spitze des Martinitorens befindet sich eine Krone mit einem Windweiser in Form eines Pferdes.

In den Niederlanden wird noch immer die Tradition gepflegt, das **Glockenspiel** der Kirchtürme erklingen zu lassen. Das geschieht meist automatisch, nur zu bestimmten Anlässen besteigt ein sog. *beiaardier* den Turm, um „live“ zu spielen. Dies ist das Reich von Maurits Bunt und Bob van der Linde. Beide sind noch keine 30 Jahre alt und damit die jüngsten Glockenspieler der Niederlande. Ein Beiaardier spielt die Glocken nicht, indem er an Seilen zieht, sondern er nutzt ein sogenanntes Carillon, das er mit Füßen und Fäusten bedient. Jeden Dienstag zwischen 12 und 13 Uhr und jeden Samstag zwischen 11 und 12 Uhr ertönt das Hemony-Carillon mit 52 Glocken (in 68 Metern Höhe!) gut hörbar in der ganzen Innenstadt.

› Martinikerkhof 3, www.martinikerk.nl, www.martinicarillon.nl, Eintritt: 2 €, Kirchturm 6 €, geöffnet: Mo.–Sa. 11–17, So. 12–17 Uhr, Tickets online, beim benachbarten Groningen Store im Forum 8 oder an einem Automaten beim Eingang (nur Kartenzahlung)

10 Prinsenhof und Prinsentuin ★★★ [I D2]

Auf eine lange und abwechslungsreiche Geschichte kann der Prinsenhof zurückblicken, denn bevor hier ein Luxushotel einzog, wohnten Mönche, ein Bischof, Prinzen und französische Verwundete in dem Stadtpalast.

Das Gebäude wurde 1436 von den „Brüdern des gemeinsamen Lebens" errichtet, einer ordensähnlichen Gemeinschaft. In ihrer früheren Kirche ist heute ein Grand Café untergebracht; Teile eines gotischen Fensters sind noch zu sehen.

Nach dem Auszug der Brüder nahm 1569 der erste **Bischof von Groningen und Drenthe** das Gebäude zum Wohnsitz und ließ weitere Flügel anbauen, da ihm das Gebäude nicht groß genug erschien. Ende des 16. Jahrhunderts geriet das Bauwerk in die Hände der **Prinzen von Nassau,** die in Groningen und Friesland als Statthalter („anstatt des Königs") regierten. Das Gebäude bekam den Namen Prinsenhof, wobei sich die Prinzen hier so gut wie gar nicht aufhielten. Sie bevorzugten den Palast in Leeuwarden 20. Dennoch ließen sie den Prinsentuin (den Prinzengarten) anlegen, den die Anfangsbuchstaben des Statthalters Willem Frederik und seiner Frau Albertine Agnes noch heute in Heckenform zieren. Im 19. Jahrhundert richteten französische Soldaten im Prinsenhof ein Militärlazarett ein, später folgte eine Kaserne. Mitte des 20. Jahrhunderts hatte hier der Fernsehsender RTV Noord seinen Sitz. Erst 2005 begann man, den Prinsenhof einer gründlichen Renovierung zu unterziehen, die drei Jahre dauern sollte. Heute befinden sich hier ein stilvolles Luxushotel mit 34 Zimmern (Prinsenhof, s. S. 35), zwei Restaurants und ein schöner Hofgarten.

Im Prinsenhof kann man in bester Gesellschaft übernachten oder etwas essen und trinken

Der **Prinsentuin (Prinzengarten)** ist eine echte Oase der Ruhe inmitten der Stadt! Und welch eine ge-

023gr-ug

KURZ & KNAPP

Des Königs Initialen

In dem Luxushotel Prinsenhof nächtigt auch gerne die niederländische Königsfamilie, wenn sie in der Gegend weilt. Es geht das Gerücht um, dass König Willem-Alexander eines Morgens an das Fenster seines Hotelzimmers trat und auf den Prinsentuin 10 blickte. Seine Miene hellte sich auf: Welche eine nette Geste, extra für ihn ein W für Willem und ein A für Alexander mit Buchsbaumhecken anzulegen! Erst sein Page klärte ihn auf, dass die Buchsbaum-Initialen schon etwas länger dort stehen und für Willem Frederik und seine Frau Albertine Agnes gedacht waren, die im 17. Jahrhundert den Prinsenhof als Statthalter-Palast nutzten.

pflegte Augenweide! Duftende Rosen blühen in voller Pracht, akkurat gestutzte Buchsbaumhecken formen Ornamente und romantische Laubengänge ermöglichten den Damen einen Spaziergang im Schatten, denn braune Haut war im 17. Jahrhundert wahrlich kein Schönheitsmerkmal (sondern kennzeichnete die auf den Feldern arbeitenden Bauern). Auf der von Kräuterbeeten umgebenen Wiese wurden noch bis 2023 in einem kleinen Kiosk Kaffee und Kuchen angeboten. Es ist zu hoffen, dass dieses Café wieder eröffnet. Der Prinsentuin ist ein Musterbeispiel für einen niederländischen Renaissancegarten. Und das Schönste ist: Es kostet keinen Cent, diese Pracht zu erleben. Beim Betreten des Gartens durch den Zonnewijzerpoort sollte man sich einmal umdrehen, denn über dem Eingangstor befindet sich auf der Gartenseite eine **prachtvolle Sonnenuhr**, über der auf Latein steht: Tempus Praeteritum Nihil Futurum Incertum. Praesens Instabile Cave Ne Perdas Hoc Tuum. Dies lässt sich übersetzen mit „Die Vergangenheit ist nichts, die Zukunft ungewiss, die Gegenwart unbeständig. Verschwende nicht deine Zeit."

› Prinsentuin, Martinikerkhof 23, Turfsingel zwischen Kattenhage und Turfstraat, geöffnet: täglich 10–18 Uhr, So. bis 16.30 Uhr. Jedes Jahr findet im Prinsentuin das Literaturfestival „Dichters in de Prinsentuin" statt.

Gasthäuser/Hofjes

Über 30 Hofjes gibt es noch in Groningen, die hier Gasthäuser (gasthuizen) genannt werden. Hofjes sind kleine Häuser, die meist um einen Innenhof gebaut wurden. Sie dienten früher als Wohnsitz für arme, kranke und alte Mitmenschen, die oftmals kostenlos oder gegen ein geringes Entgelt im Hofje wohnen konnten. Eines der Gasthäuser, das Jacob- und Annagasthuis [I B3], war in Groningen wegen seines guten Essens bekannt und hatte daher den Beinamen lekkerbeetjesgasthuis (Leckerbissengasthaus). Das Essen war scheinbar derart gut und nahrhaft, dass einer der Bewohner, Geert Boomgaard, das stolze Alter von 110 Jahren erreichte (gestorben 1899). Heute wohnen dort hauptsächlich Künstler.

Die drei bekanntesten Hofjes in Groningen sollen hier vorgestellt werden, sie stehen nicht weit auseinander. Im Groningen Store (s. S. 55) ist eine Broschüre mit einem Stadtrundgang erhältlich, der Besucher zu den „alten Armen- und Waisenhäusern" der Stadt führt (2,50 €). Einige der Hofjes sind nicht zugänglich, doch die folgenden können tagsüber gratis besichtigt werden, man bittet jedoch um Respekt vor den Bewohnern.

11 St. Anthony Gasthuis Groningen ★★ [I D4]

Gegründet wurde das Hofje im Jahr 1517 mit dem Ziel, armen und kranken Mitmenschen Obdach zu bieten. Ursprünglich stand es außerhalb der Stadtmauer, denn die Kranken wollte man nicht in der Innenstadt haben. Als im Jahr 1644 in Groningen die Pest ausbrach, wurden auch Pestkranke ins Gasthaus gebracht. Zwischen 1702 und 1844 fand der hinterste Bereich des Hofjes Verwendung als „Irrenhaus" – mit dem praktischen Nebeneffekt, dass man für das sonntägliche Begaffen der Geisteskranken Eintritt verlangen konnte. In den 1930er-Jahren wurden im Hofje auch zwei kleine Häuser im Stil der Amsterdamer Schule errichtet.

Neben Kranken wohnten auch ältere Menschen im Hofje, die sog. *proveniers*, die sich hier „einkaufen", also sich einen Alterswohnsitz gegen Bezahlung sichern konnten. Der letzte dieser *proveniers* zog 1993 aus, seitdem ist das Sint Anthony Gasthuis auch für jüngere Leute und Studenten ein attraktiver Wohnort. Heute sind die Bewohner der 40 kleinen Häuser im Sint Anthony Gasthuis zwischen 30 und 90 Jahre alt. In einem der Häuser ist ein Bed & Breakfast untergebracht (s. S. 66).

› Rademarkt 29, www.sintanthonygasthuis.com

12 St. Geertruidsgasthuis/ Pepergasthuis ★★ [I D3]

Am Ende der beliebten Ausgehmeile, der Peperstraat, steht das idyllische St. Geertruidsgasthuis, das aus mehreren Innenhöfen, einer Kirche und einem Speisesaal besteht. Gestiftet wurde es im Jahr 1405 zu Ehren der heiligen Gertrud, der Schutzheiligen der Pilger und Reisenden, denn das Hofje sollte vor allem Menschen, die zum Arm des Johannes des Täufers in der Martinikirche 9 pilgerten, eine Unterkunft bieten. Später fanden hier auch arme, alte und kranke Mitbürger ein Obdach. Auf Spenden war man nicht mehr angewiesen, man konnte sich selbst

024gr-ug

Gasthäuser – die Seniorenwohnheime von früher

111gr-ug

versorgen. Es gab eine Bäckerei, eine Brauerei und natürlich auch hier die einträgliche Einkommensquelle der Zuschaustellung der „Verrückten", die im weißen Gebäude mit den vergitterten Fenstern hausten.

› Peperstraat 22

13 Heilige Geestgasthuis/ Pelstergasthuis ★ [I C4]

Das älteste Gasthuis der Stadt (1267) ist auch das größte: Es umfasst fünf Höfe und eine Kapelle. Gestiftet wurde es vom Orden vom Heiligen Geist, dessen Symbol (ein doppeltes weißes Kreuz) noch an mehreren Stellen im Hofje zu sehen ist. Ursprünglich wurden im Heilige Geestgasthuis, das an der Stadtmauer stand, Pilger, Wanderer, Arme und Schwache aufgenommen, später auch Pestkranke. Erst im 16. Jahrhundert kauften sich im Hofje die *proveniers* ein, die hier ihren Lebensabend verbrachten. Im Turm der kleinen Kirche hängt übrigens die älteste Glocke der Stadt, sie stammt aus dem Jahr 1459.

› Pelsterstraat 39–47

14 Park Noorderplantsoen ★★ [I A1]

Er ist so beliebt, dass ihm ein eigenes Lied gewidmet wurde, das sogar als inoffizielle Hymne der Stadt gilt und jeden Abend in den Kneipen gesungen wird. Der Inhalt: Warum soll man in den Urlaub fahren, wenn man doch nur das „Gras van het Noorderplantsoen" vermissen würde?

Der Sänger Ralf Poelman hat es auf den Punkt gebracht: Ihm würden die Straßen zwischen dem Turm und dem Westerhaven, die Menschen und Studenten, und vor allem das Gras des Noorderplantsoens fehlen, wenn er nicht mehr in Groningen wäre. So scheinen viele andere auch zu denken, denn das Gras vom Noorderplantsoen ist bei schönem Wetter gut bevölkert – mit lernenden Studenten, spielenden Kinder (es gibt hier auch einen Spielplatz), Bücher lesenden Senioren, Freundesgruppen beim Picknick ... Chillen nennt man es heute, Lustwandeln früher, denn der Park

Das Café Zondag (s. S. 50) befindet sich mitten im Noorderplantsoen

wurde bereits 1879 angelegt, als die Groninger Festungswälle nicht mehr benötigt wurden und Platz zur Verfügung stand. Die aufsteigenden Wälle und die mäandernden Gewässer eigneten sich hervorragend für eine Anlage im **englischen Landschaftsstil:** verschlungene Pfade, Teiche, Wiesen und Ausblicke von verschiedenen Höhen machen den Park noch heute zu einem Anziehungspunkt für die Groninger. Sehr gepflegt ist die Grünanlage ebenfalls. Es scheint dem Park nichts weiter auszumachen, dass er jeden August zum Austragungsort des **Noorderzon Performing Arts Festivals** (www.noorderzon.nl, s. S. 7) wird, das 135.000 Besucher anzieht.

Während des elftägigen, kostenlos zugänglichen Festivals kann man Theaterstücke, Aufritte von Musikern, Fotoausstellungen, Performances, Tanzvorführungen u. v. m. bestaunen.

Doch auch außerhalb der Festival-Zeit ist der Park einen Besuch wert, nicht zuletzt wegen des schönen **Café Zondag** (s. S. 50) in einem Pavillon aus dem Jahr 1930, in dem früher frische Milch ausgeschenkt wurde. Heute bekommt man hier ein gutes Mittagessen und einen Kaffee.

› Grachtstraat 3, www.noorderplantsoen.nl, ganzjährig geöffnet, Eintritt frei

MEIN TIPP

Picknick im Park

Im direkt am Noorderplantsoen ⓮ gelegenen Café Mahalo kann man sich einen Picknickkorb zusammenstellen, diesen mit in den Park nehmen und am späten Nachmittag wieder zurückbringen. Wie wäre es mit Avocado-Toast und Smoothies im Schatten der Bäume?

1 [I A1] **Café Mahalo,** Verlengde Grachtstraat 1, http://mahalo.nu, geöffnet: tägl. 9–18 Uhr

Entdeckungen außerhalb des Zentrums

⓯ Menkemaborg ★★

Sie scheint gerade erst aus dem Haus gegangen zu sein, die Familie Menkema. Der Stickrahmen liegt noch am Fenster im Damensalon, der Salatkopf wartet im Steinwaschbecken in der Küche auf Weiterverarbeitung, und die Kinder haben ihre Puppen und Spielsachen – typisch! – auf dem Fußboden des Kinderzimmers liegen gelassen. Willkommen in einem mit Original-Möbeln aus dem 17. und 18. Jahrhundert eingerichteten Kleinod.

Die Menkemaborg steht inmitten der Groninger Landschaft: Ein vom Wassergraben umgebenes Haus, dessen Grundmauern bis auf die Zeit um 1400 zurückdatiert werden können. Damals konnten sich die reichen Adelsfamilien ein **Steinhaus** leisten, in das sie sich bei Gefahr zurückziehen konnten. Es fußte auf einem rechteckigen Grundriss, hatte rund einen Meter dicke Mauern, war von einem Graben umgeben und der Eingang lag im ersten Stock. Man gelangte per Leiter dorthin, die man nach dem Hochgehen wieder wegzog. Kamen Angreifer, dann bewarf man sie mit Steinen.

In friedlichen Zeiten diente das Steinhaus als Getreidelager, denn keine Ratte gelangte hinein. Im Laufe der Jahre wurde die Menkemaborg immer wieder erweitert und zu einem **Sommersitz** ausgebaut – mit einem großen Garten. Rund 200 solcher *borgen* gab es im Groninger Umland, nur noch sechzehn von ihnen sind erhalten, darunter die Menkemaborg. Ihr letzter Bewohner, Freiherr Gerhard Alberda van Menkema, verstarb im Jahr 1902 und die Erben schenk-

ten das Haus dem Groninger Museum ❶. Dadurch konnten das Haus, die Einrichtung und der Garten im Originalzustand bewahrt werden.

Im Gebäudeinneren sind die Zimmer des Erdgeschosses sowie die Küche zu sehen, die mit **Originalmöbeln** aus dem 17. und 18. Jahrhundert aus dem Groninger Umland ausgestattet sind. Man kann das Vorzimmer, den großen Saal, Studier- und Kinderzimmer, Ess- und Herrenzimmer besichtigen. Im Schlafzimmer steht ein beeindruckendes Himmelbett aus feinstem Damast aus dem 18. Jahrhundert. Nicht der stolze Hausbesitzer schlief darin, sondern dessen Gäste. Man musste ja schließlich zeigen, was man hatte!

Umgeben ist die Borg von einem zauberhaften **Park**, der nach einem Plan aus dem Jahr 1705 wieder hergerichtet wurde. Der Garten ist symmetrisch aufgeteilt, Buchsbaumhecken trennen die einzelnen Bereiche, in denen ein Rosentunnel, ein Lusthof mit Sommerhaus sowie ein Sonnenuhrgarten angelegt wurden.

Zur Menkemaborg gehören auch ein **Restaurant** (im früheren Kutschhaus) und ein **Irrgarten**, für dessen Durchqueren man etwas Zeit mitbringen sollte.

› Menkemaweg 2, Uithuizen, www.menkemaborg.nl/de, geöffnet: März–Sept. Di.–So. 10–17, Okt.–Dez. Di.–So. 10–16 Uhr, Eintritt für Borg und Garten: Erw. 9 €, Kinder 6–12 Jahre 2,50 €, nur Garten: Erw. 6 €, Kinder 2 €, Audioguide (deutsch) 2 €

⓰ Festung Bourtange ★★★

Umgeben von einem sternförmigen Burggraben mit Zugbrücken und einem Festungswall mit Kanonen liegt ein hübsches Dorf, das ein einziges Freiluftmuseum ist – Soldaten zum Kanonenabfeuern und Marktleute in historischen Kostümen inklusive.

Zugegeben, etwas touristisch ist Bourtange schon, vor allem an einem Sonntag im Sommer oder während des Markts. Doch das Dorf in Grenznähe (nur 2 km von Deutschland entfernt) hat durchaus Charme und vor allem mit Kindern lohnt sich ein Besuch, denn das Abfeuern der Kano-

Menkemaborg ⓯: romantisches Kleinod umgeben von Gräben und Gärten

nen ist ein Spektakel. Der Zugang zum Dorf ist übrigens kostenlos, der Besuch der einzelnen Museumsgebäude kostet Geld. Man parkt außerhalb des Dorfes auf einem großen Parkplatz und beim Eingang kann man eine Karte für die Museen kaufen. Dann geht man erst ein paar Meter an der Verteidigungsgracht entlang, bis man über eine rote **Zugbrücke** in das Dorf gelangt, wo man sich auf dem Marktplatz erst einmal einen frischen Hering gönnen kann.

Zur Geschichte: Zwischen 1580 und 1593 wurde die Festung mitten im Moor angelegt, an einer Stelle, an der ein Weg durch die Sumpflandschaft führte. Die anfänglich kleine Festung wurde im Laufe der Jahrzehnte immer weiter ausgebaut und verstärkt, erobert wurde sie nie. In Kriegszeiten diente sie der Verteidigung und wurde dann immer wieder den neusten Anforderungen entsprechend aufgerüstet. Die letzte große Verstärkung fand im Jahr 1742 statt – und in diesem Zustand ist die Festung heute zu sehen. Denn nachdem Bourtange immer mehr zerfiel und 1851 aufgegeben wurde, begann man, in den 1960er- und 1970er-Jahren die Festung in den Zustand von **1742** zurückzuversetzen, einschließlich aller Gräben, Brücken, Häuser, der Bockwindmühle und der Kanonen. Letztere spielen die Hauptrolle während des sonntäglichen Kanonenschießens (um 15 Uhr). Weitere Events in Bourtange: Vesting Spectaculum an einem Wochenende im Juli (Markt mit historischen Waren und Vorführungen von Schmieden, Korbflechtern und Musikanten), Herbstmarkt Ende September; Magisch Samhain Ende Oktober sowie Weihnachtsmarkt (Informationen auch in deutscher Sprache siehe Website).

› Vesting (Festung) Bourtange, Willem Lodewijkstraat 44 (Parkplatz gratis), Bourtange, www.bourtange.nl, geöffnet: Jan., Febr. Mo.–Fr. 13–16, März Mo.–Fr. 13.30–16, Sa., So. 10–16.30, April–Okt. tägl. 10–16.30 Uhr, Museen (fünf Stück, u. a. Synagoge und Kapitänshaus): März Sa., So. 11–16 Uhr, Apr.–Okt. tägl. 11–16.30 Uhr, Eintritt: Erw. 9,50 €, Hunde an der Leine erlaubt.

Eintauchen in das Jahr 1742: Festung Bourtange

Praktische Reisetipps Groningen

An- und Weiterreise

Mit dem Auto

Groningen ist über die A28 von Bremen/Oldenburg aus östlicher Richtung erreichbar, über die A31 aus südlicher Richtung von Essen/Dortmund aus.

Mit dem Zug

Die wohl schönste Anfahrtsvariante nach Groningen erfolgt per Bahn, denn der **prachtvolle Bahnhof aus dem Jahr 1896** beeindruckt mit einer historischen Wartehalle und einem Starbucks-Café zwischen monumentalen Gemäuern. Hier macht das Warten auf den Zug fast schon Spaß! Von Düsseldorf nach Groningen braucht man rund vier Stunden (Umsteigen in Leer), von Hamburg aus gibt es Direktverbindungen. Wer aus Niedersachsen kommt, hat Glück: Er kann mit dem „Niedersachsen-Ticket plus Groningen" nicht nur einen Tag lang in Niedersachsen herumreisen, sondern auch nach Groningen weiterfahren. Die Kosten? Von 31 € für eine Person bis 58 € für fünf Personen. Ist man erst einmal in Groningen angekommen, dann nimmt man die Fußgängerbrücke beim Groninger Museum – und schon ist man in der Innenstadt!

› https://shop.niedersachsentarif.de/product/9

•2 [I C5] **Bahnhof Groningen**

Mit dem Bus

Das Unternehmen Flixbus fährt von Berlin, Hamburg, Bremen, Frankfurt und vielen weiteren deutschen Städten nach Groningen – teilweise direkt, teilweise mit Umstiegen.

› www.flixbus.de

Mit dem Flugzeug

Groningen hat einen Flughafen – das hört sich erst einmal vielversprechend an. Doch zu den Reisezielen, die vom Flughafen Groningen-Eelde aus angeflogen werden, gehören Touristenhochburgen wie Mallorca, Kreta und Gran Canaria, aber auch London und Danzig. Eine deutsche, österreichische oder Schweizer Stadt wird derzeit nicht angeflogen, dazu müsste man den Flughafen Schiphol bei Amsterdam wählen, der fast 200 Kilometer entfernt liegt. Es gibt jedoch direkte Zugverbindungen vom Flughafen Schiphol nach Groningen mit dem IC (stündlich), die zwei Stunden in Anspruch nehmen. Schiphol wird von fast allen europäischen Städten – auch mit günstigen Anbietern – angeflogen.

› **Flughafen Amsterdam Schiphol,** Evert van de Beekstraat 202, 1118 CP Schiphol, www.schiphol.nl

› **Groningen Airport Eelde,** Machlaan 14A, 9761 TK Eelde, www.groningenairport.nl. Der Flughafen Groningen Eelde liegt circa 15 Kilometer außerhalb von Groningen und ist mit dem Auto über die A28 (Groningen-Assen) sowie mit den Bussen von Qbuzz gut erreichbar. Außerdem gibt es einen Shuttle-Bus (Linie 100) zwischen dem Flughafen und dem Stadtzentrum.

Mit dem Boot

•3 [I E4] **Jachthafen Oosterhaven,** Oosterkade 1001, Tel. 06 11343202, http://jachthavenoosterhaven.nl. Obwohl die Innenstadt nur sieben Gehminuten entfernt ist, erfreut sich der Oosterhaven einer ruhigen Lage im Osten der Stadt. Man gelangt über eine „staande mastroute" dorthin, einen Fahrweg für Segelboote mit einer Mastlänge von über sechs Metern. Im Hafen gibt es einen Supermarkt, ein Wassersport-Fachgeschäft und Sanitäranlagen. Der Hafen verfügt über 70 Liegeplätze für Boote mit einem Tiefgang von bis zu vier Metern. Preis: 1,50 € pro Meter und Tag inkl. Wasser und Strom.

Autofahren

Die Stadtverwaltung möchte die Autos aus dem Innenstadtkern heraushalten. Daher gibt es eine Reihe von P+R-Plätzen, an denen man sein Gefährt stehenlassen und dann den Bus – kostengünstig – ins Zentrum von Groningen nehmen kann. In der Altstadt von Groningen wird der Bus überflüssig – alle Sehenswürdigkeiten sind einfach und bequem zu Fuß erreichbar, auch der Park Noorderplantsoen ⓮. Beabsichtigt man, weitere Strecken zurücklegen, dann sollte man es wie die Groninger machen: Man schwingt sich aufs Rad (s. S. 61).

Parkhäuser und Tiefgaragen

Groningen ist von Parkgaragen umringt, eine davon befindet sich mitten im Zentrum:

P4 [I D3] **Parkeergarage Forum,** Schoolstraat 16, geöffnet: tägl. 24 Stunden, Kosten: 2,40 €/Stunde

Im Norden der Innenstadt befindet sich die Parkgarage Ossenmarkt, die aufgrund ihrer die Farbe wechselnden Beleuchtung im spiralförmigen Untergeschoss zu den schönsten Tiefgaragen der Niederlande zählt:

P5 [I B2] **Q-Park Ossenmarkt,** Ossenmarkt 10, geöffnet: Mo.–Sa. 24 Stunden, Kosten: 4 €/Stunde, Tagestarif 22 €

In der Nähe des Groninger Museums ❶ gibt es eine Tiefgarage und nahe dem Prinsentuin die günstige „parkeergarage“ Boterdiep:

P6 [I C1] **Parkeergarage Boterdiep,** Boterdiep 85, geöffnet: tägl. 24 Stunden, Kosten: 3 €/Stunde, Tagestarif 13,50 €

P7 [I C4] **Q-Park Museum Centrum,** Herepoortenmolendrift 2, geöffnet: tägl. 24 Stunden, Kosten: 4 €/Stunde, Tagestarif 22 €

088gr-ug

Praktisch: Im Parkhaus Boterdiep das Auto abstellen und darüber im Florentin (s. S. 52) gut essen gehen

Park & Ride

Von den folgenden Park-&-Ride-Plätzen fährt der sog. „Citybus“ ins Zentrum von Groningen, die Niederländer nennen einen solchen Platz auch „Transferium“. Man parkt gratis und bezahlt für die Busfahrkarte 6 € – hin und zurück für max. 5 Personen:

P8 **P+R Haren/A28,** Afslag 38
P9 **P+R Hoogkerk,** Peizerweg, Hoogkerk
P10 **P+R Kardinge,** Kardingerplein 1, auch für Wohnmobile geeignet (15 Stellplätze)
P11 **P+R Reitdiep,** Friesestraatweg 251, Ecke Friesestraatweg

Parkplätze an der Straße

Wer sich nun gegen einen Park-and-Ride-Platz und eine Parkgarage entscheidet und darauf spekuliert, er könne stattdessen einen Parkplatz mitten in der Stadt finden, der sollte bedenken: Gratis am Straßenrand zu parken, das gibt es so gut wie gar nicht innerhalb des Grachtenrings. In der Regel muss man an *betaalautomaten* bezahlen – mit Debit- oder Kreditkarte, Münzen werden nicht mehr akzeptiert. Die Kosten betragen rund 4 € pro Stunde. Vergisst man, ein Ticket zu ziehen, so bezahlt man mindestens 60 € Strafe, parkt man in einer Zone, in der das Parken nicht erlaubt ist, muss man 90 € entrichten.

Barrierefreies Reisen

Im Gegensatz zu vielen anderen niederländischen Städten sind Groningens Fußgängerzonen mit **gleichmäßigen gelben Backsteinen** gepflastert, die gut mit einem Rollstuhl oder Rollator befahren werden können. Die **Ampeln** sind mit dem gleichen akustischen Signal für blinde oder sehbehinderte Menschen ausgestattet, wie man es auch aus deutschen Städten kennt. Außerdem gibt es ein Blindenleitsystem.

Ein **Behindertenausweis** ermächtigt dazu, auf allen Behindertenplätzen zu parken. Auch in den Parkhäusern gibt es Behindertenplätze, dort wird allerdings der reguläre Tarif verlangt.

Einkaufen

Eine Stadt, in der bereits zwei Straßen zur schönsten Einkaufsstraße der Niederlande gewählt wurden und in der fast täglich Märkte stattfinden, muss sich hinsichtlich ihrer Einkaufsmöglichkeiten nicht verstecken. Die Geschäfte sind vielfältig, die Shoppingzonen groß und einladend.

Schöner shoppen

Die beiden Straßen **Zwanestraat** [I C3] und **Kromme Elleboog** [I B3] sowie die **Folkingestraat** [I C4] wurden in der Vergangenheit zu den schönsten Einkaufsmeilen der Niederlande gekürt. In der schmalen Fußgängerzone, die vom Groninger Museum 1 zum A-Kerkhof 3 führt, befinden sich Antiquariate, Delikatessengeschäfte, Läden für Geschenkartikel und Schmuck, Modeboutiquen und ein nordafrikanischer Lebensmittelladen namens „Souk". Der italienische Delikatessenladen Ariola besteht inzwischen seit 30 Jahren.

12 [I C4] **Ariola,** Folkingestraat 54, Mo. 11–18, Di.–Fr. 10–18, Sa. 10–17 Uhr
13 [I C4] **Le Souk,** Folkingestraat 21, http://winkellesouk.nl, Mo. 11.30–18.30, Di., Mi., Fr., Sa. 9–18.30, Do. 9–21, So. 12–17 Uhr

Günstig einkaufen

Finden Einkaufsbummler in den oben genannten Straßen eher kleine, individuelle Geschäfte, so ist die **Herestraat** [I C3/4] das Einkaufsmekka für diejenigen, die internationale

> **Shoppingareale**
> Die wichtigsten Shoppingbereiche der Stadt sind im Kartenmaterial mit einer rötlichen Fläche markiert.

und niederländische Einzelhandelsketten bevorzugen. Man isst Hamburger bei McDonald's, kauft Lipgloss bei Etos, deckt sich bei Hema günstig mit Schreib- und Haushaltswaren ein und holt sich neue Shirts bei Zara und C&A. Und dann wären natürlich noch die **Märkte** (s. S. 48) in Groningen, auf denen Obst und Gemüse, aber auch Stoffe und Kleidung zu einem unschlagbar günstigen Preis angeboten werden. Außerdem gibt es eine gute Auswahl an Broten, Gebäck und Käse.

Im hohen Preissegment stöbern

Der A-Kerkhof 3 neben der A-Kerk lockt mit Bekleidungsgeschäften, in der weiterführenden Brugstraat [I B4] sind vor allem Läden für Herrenmode beheimatet.

Regionale Produkte

Zu den lokalen Spezialitäten zählen **Groninger Mettwurst** *(metworst)*, eine getrocknete Mettwurst, die stark nach Nelken schmeckt, und **Groninger Bier** wie Martinus (s. S. 46), Bax und die Erzeugnisse der Goningse Bierbrouwerij (Grunn-Bier). Zu den stärkeren Alkoholika zählt der **Jenever von Hooghoudt.**

In den Restaurants werden **Groninger Senfsuppe** (hergestellt aus Groninger Senf) und **„Eierball"** (u. a. bei Drie Gezusters, s. S. 60) angeboten. Ein Eierball besteht aus einem gekochten Ei, das mit Ragout umhüllt und dann in Panade frittiert wird.

Der Markt ist eine gute Anlaufstelle für alle, die auf der Suche nach regionalen Produkten sind. Dort gibt es auch die bekannten **Drops van Hanze Huis.** Die salzigen Lakritzstücke stecken in einer hübschen roten Dose oder in kleineren Mengen in einer Packung. Sie sind derart beliebt, dass sie auch in Deutschland und Dänemark verkauft werden – und das seit über 100 Jahren!

Geschäfte mit Groninger Delikatessen

14 [I B3] **Bonbon Atelier Luca,** Grote Kromme Elleboog 12, www.bonbonatelierluca.nl, geöffnet: Mi.–Fr. 10–18, Sa. 10–17 Uhr. Möchte der Holländer ein „bonbon", dann meint er eine Praline. Und die gibt es aus Eigenproduktion im Atelier Luca. Herrliche Schokolade

027gr-ug

Albert-Heijn-Filiale in der historischen Korenbeurs (s. S. 17)

080gr-ug

Nordafrikanische Vielfalt in Le Souk (s. S. 44) in der Folkingestraat

Groninger Dialekt

Der Groninger Dialekt ähnelt stark dem Plattdeutschen. Man sagt, dass sich die Groninger und die Norddeutschen grenzüberschreitend prima miteinander in Platt unterhalten können. In manchen Fällen ähneln einige Wörter des Groninger Dialekts mehr dem Deutschen als dem Niederländischen wie beispielsweise keeze (ausgesprochen wie unser „Käse"), der im Niederländischen kaas heißt. Besonders schön ist es, wenn die nüchternen Groninger ein Kompliment machen: „Kon minder" („Es geht auch schlechter"). Hier ein paar typisch Groninger Wörter:

- Moi = Hallo und auch Tschüss
- Goiedag = Guten Tag!
- Grunn = Groningen
- Lutje = klein
- Voader = Vater
- Ik hol van die (ik hou van jou im Niederländischen) = Ich liebe dich
- Schier = schön
- Hou gaait t? = Wie geht's?

mit Passionsfruchtfüllung und knusprige Pralinen mit weicher Karamellfüllung ... der kleine Laden hat eine große Anziehungskraft!

●15 [I D4] **Brouwerij Martinus,** Kostersgang 32–34, www.brouwerijmartinus.nl, geöffnet: Fr. ab 15.30, Sa. ab 13 Uhr. In dem früheren Gebäude einer Druckerei brodelt heute das Bier in den Gärkesseln. Hier werden Blond, Tripel, Saisonbiere, Braunbier, Pale Ale, Imperial Smoked Porter und ein Bier namens Nuchter gebraut. Letzteres ist nicht etwa ein alkoholfreies Bier, um nüchtern zu bleiben, sondern eine Sorte, die den Charakter der Stadt wiedergeben soll. Es werden auch Führungen angeboten.

16 [I B3] **Droppie,** Astraat 7, http://droppiegroningen.nl, geöffnet: Mo. 13–18, Di.–Fr. 11–18, Sa. 10–17, So. 12–17 Uhr. Ein kleiner Laden mit alten Apothekerschränken, in denen über 300 (!) verschiedene Sorten „drop",

wie die Niederländer Lakritze nennen, präsentiert werden; darunter süße, salzige und zuckerfreie Varianten. Droppie ist aber auch ein guter Anlaufpunkt für Vegetarier, denn hier gibt es Lakritze ohne Gelatine, die mit Gummi arabicum hergestellt werden.

17 [I B3] **Groninger Kaasboetiek,** Astraat 5, www.groningerkaasboetiek.nl, geöffnet: Mo. 13–18, Di.–Sa. 9.30–18 Uhr. Köstlicher Bauernkäse *(boerenkaas),* pur oder mit Brennesseln bzw. Bockshornklee gewürzt, Käse aus den Niederlanden oder dem Ausland, aber auch Wein, Nüsse, Groninger Mettwurst und Groninger Bier – kurzum: Hier gibt es alles, was in Groningen und im Rest der Welt besonders gut schmeckt.

18 [I D4] **Kaashandel van der Leij,** Oosterstraat 61–63, www.kaasvanderleij.nl, geöffnet: Di.–Fr. 9–18, Sa. 9–17 Uhr. Schon beim Betreten des Ladens, in dem sich die Käselaibe bis zur Decke stapeln, läuft einem das Wasser im Munde zusammen. Gut, dass viele Käsesorten zum Probieren ausliegen. Der Kaashandel verkauft Käse aus der Region wie Groninger Ricotta, Büffelmozzarella und Bauernkäse, aber auch nordholländischen Gouda und Graskäse. Inzwischen ist der Laden eine kleine Berühmtheit, die auch ab und zu von Kamerateams besucht wird.

19 [I C3] **Kruidenier Wolters,** Oude Boteringestraat 10, www.kruidenierwolters.nl, geöffnet: Mo. 10.30–18, Di.–Fr. 9.30–18, Sa. 9.30–17.30 Uhr. Auf der Suche nach einem Mitbringsel aus

KURZ & KNAPP

Schwarze Versuchung: Drop

Die Holländer essen *drop* (Lakritze) in Mengen, wie sie kein anderes Land der Welt vorweisen kann. Insgesamt 30.000.000 kg gehen pro Jahr über den Ladentisch, das sind 2 Kilo pro Kopf. *Drop* scheint ein solch lebenswichtiges Produkt zu sein, dass es gar in Drogerien verkauft wird – in den unterschiedlichsten Formen wie Autos, Geldmünzen, Schnürsenkeln, Fischen, Häusern etc. und in den unglaublichsten Geschmacksvarianten von süß über salzig bis zu doppelt gesalzen (*dubbelzout* – gewöhnungsbedürftig!). Hergestellt wird *drop* aus dem Saft der Süßholzwurzel, der mit Zucker und Gelatine angereichert wird.

Zwei Kilo Lakritze essen die Niederländer pro Jahr und Kopf

030gr-ug

Groningen? Wie wäre es mit *krentenkoek* oder *oude wijvenkoek* (Alt-Weiber-Kuchen)? Das ist Gebäck aus Groningen; es wird bei Wolters ebenso verkauft wie Groninger Bier, Mettwurst, Erbsensuppe und Senf - eigentlich viel zu schade zum Verschenken ...

20 [I C2] **Sama Stads Koffie Branderij,** Spilsluizen 12, https://espressogroep.nl, geöffnet: Di.-Fr. 12.30-17.30, Sa. 10-17 Uhr. Die Bohnen kommen aus aller Welt, doch geröstet wird der Kaffee an der Groninger Gracht. Und das riecht man schon von Weitem! Der Eigentümer der Kaffeerösterei ist ein waschechter Italiener und damit Anhänger der dortigen Kaffeekultur. In dem hauseigenen Trommelbrenner werden die Kaffeebohnen gleichmäßig bei relativ niedriger Temperatur geröstet, sodass die Aromen erhalten bleiben. Einfach mal vorbeischauen und einen Espresso probieren!

Märkte

Irgendeinen Markt gibt es in Groningen fast immer. Der Wochenmarkt ist der große Markt mit frischem Obst und Gemüse, der Warenmarkt ist kleiner und es werden Kleidung, Wachstischdecken, Fahnen, Stoffe etc. verkauft.

- **Wochenmarkt** auf dem Grote Markt 8, A-Kerkhof 3 und Vismarkt [I C3]: Di., Fr. und Sa. 9-17 Uhr, angeboten werden Gemüse, Obst, Fisch und Blumen
- **Warenmarkt am Mittwoch** (9-17 Uhr) auf dem Vismarkt [I C3] und dem A-Kerkhof 3
- **Warenmarkt am Donnerstag** (10-18 Uhr) auf dem Grote Markt 8 und dem Vismarkt [I C3]
- Die sog. **Snackstraat** am Sonntag (12-17 Uhr) auf dem Grote Markt 8

Kaufhäuser

21 [I C4] **Hema,** Herestraat 64, www.hema.nl, geöffnet: Mo.-Sa. 9-18 (Do. bis 21), So. 12-17 Uhr. Der Niederländer liebstes Kind, sei es für niedliche Babystrampler aus Bio-Baumwolle, die beliebte Hema-Rauchwurst, wohlschmeckenden Wein, praktische Fahrradlichter und Basiskleidung - alles von Hema ist modern und schön designt und wird zu einem unschlagbar günstigen Preis angeboten.

Küche und Haushalt

22 [I B3] **De Stadsakker**, Oude Kijk in Het Jatstraat 38, www.stadsakker.nl, geöffnet: Di.-Fr. 10-18, Sa. 10-17 Uhr. In einer früheren Jugendstil-Metzgerei mitten in der Stadt wird viel Schönes und Nützliches angeboten: Gartengeräte, Handschuhe, Blumentöpfe und -samen, Vogelhäuser, Holzschuhe und Gummistiefel sowie frisches Gemüse vom Groninger Stadtacker.

032gr-ug

Erntefrisches Gemüse aus Holland

23 [I B3] **Dille & Kamille,** Grote Kromme Elleboog 18–20, www.dille-kamille.nl, geöffnet: Mo.–Sa. 9.30–18 Uhr, So. 12–17 Uhr. Wie Hema (s. S. 48) ist dies eines der Lieblingsgeschäfte der Niederländer, und das seit den 1970er-Jahren. Das Konzept ist so einfach wie überzeugend: Alles, was man im Haushalt braucht, bekommt man hier schön designt und günstig, u. a. Küchenkräuter, Backformen, Handseife, Kochlöffel, Kerzen, aber auch Spielsachen, hauptsächlich aus natürlichen Materialien.

Kinder

24 [I D4] **Asbran,** Kleine Peperstraat 10, geöffnet: Mo. 13–18, Di.–Fr. 10–18, Sa. 10–17 Uhr. Seit 35 Jahren besteht dieses Spielzeugfachgeschäft in Groningen. Für die ganz Kleinen gibt es Babyartikel, für die Größeren Eisenbahnsets und Holz-Räder.

25 [I C3] **Wijsneus,** Oude Boteringestraat 11, www.wijsneus.nl, geöffnet: Mo. 13–18, Di.–Sa. 10–17, So. 13–17 Uhr. „Wijsneus" heißt Naseweis, aber auch ganz brave Kinder und Babys finden hier was zum Anziehen (Größe 44–156), nämlich coole Gummistiefel, gepunktete Kleider, rosa Badeanzüge und trendy Jeans. Es gibt zudem Kuscheltiere, Rucksäcke, Trinkflaschen und schöne Babydecken.

Mode

26 [I D3] **Bess,** Poelestraat 37, www.bess-mode.nl, geöffnet: Di.–Sa. 10–18 Uhr. Ellen Piebes ist mindestens genauso außergewöhnlich wie ihre Modemarke Bess. Mit Stolz präsentiert sie ihre Entwürfe, die neben Kleidungsstücken von Komodo, Baum und Pferdgarten, Zilch und anderen in einem Altbau präsentiert werden. Praktisch: Wenn ein Lieblingsstück auf Anhieb nicht genau passt, kann es vor Ort im Schneideratelier geändert werden.

031gr-ug

27 [I D4] **H. Witting und Sohn,** Oosterstraat 51, www.witting.nu/de, geöffnet: Mo. 13–18, Di.–Fr. 10–18 (Do. bis 21), Sa. 10–17.30 Uhr. Seit über 145 Jahren gibt es dieses Spezialgeschäft für Hüte, die hohen Wandschränke und die Registrierkasse sind stumme Zeitzeugen. Unter dem Motto „Ein Witting-Hut steht dir gut!" können sich männliche und weibliche Kunden den passenden Borsalino, Stetson, Südwester, aber auch Hüte der Eigenmarke Witting aussuchen.

Geschenke und Wohnaccessoires

28 [I C3] **Laif & Nuver,** Rode Weeshuisstraat 7, www.laifennuver.nl, geöffnet: Di.–Sa. 10–18, So. 13–17 Uhr. Die Niederländer haben äußerst kreative und geschmackvolle Deko-Ideen, einige davon sind bei Laif & Nuver zu finden. Viele Inspirationen für das eigene Zuhause! Groningen-Fans finden hier auch Poster der Stadt.

29 [I C4] **Lily & Rose,** Folkingestraat 7, www.lilyandrose.nl, geöffnet: Mo. 13–18, Di.–Fr. 10–18, Sa. 10–17 Uhr. Man muss den Geruch von Duftkerzen

Modisches in historischem Ambiente: Bess

mögen, wenn man diesen bunten Laden in der Folkingestraat betritt, in dem eine Mischung aus Kosmetik, Geschirr, Duftkerzen, Kissen und Geschenken angeboten wird.

Bücher und Zeitschriften

30 [I C2] **Boekhandel (Buchhandlung) Godert Walter,** Oude Ebbingestraat 53, www.godertwalter.nl, geöffnet: Mo. 13–18, Di.–Fr. 10–18, Sa. 10–17, So. 12–17 Uhr. Seit über 80 Jahren gibt es diese traditionsreiche Buchhandlung im Herzen von Groningen, die sich auf Belletristik, Wissenschaft, Geschichte und Philosophie spezialisiert und auch viele Werke in deutscher und englischer Sprache vorrätig hat. Ideal für die Urlaubslektüre! Und das Beste ist: Die deutschsprachigen Bücher kosten nicht mehr als zu Hause.

090gr-ug

Essen und Trinken

Regionale Küche

31 [I D3] **'t Feithhuis** €, Martinikerkhof 10, Tel. 050 3135335, www.restaurant-feithhuis.nl, geöffnet: tägl. 10.30–23 Uhr. Das historische Gebäude war im Lauf seiner Geschichte Pfarrhaus, Provinzverwaltungsgebäude, Zuhause eines Theologie-Professors und später der Familie Feith, die dem Haus auch seinen Namen gab. Heute beherbergt es ein Restaurant-Café, in dem Kaffee, Kuchen und Lunch ebenso serviert werden wie ein ausgiebiges Abendessen. Auf der Terrasse speisen die Gäste mit Aussicht auf das Forum.

32 [I A1] **Café Zondag Noorderplantsoen** €, Kruissingel 1, Tel. 050 3123537, www.zondagnoorderplantsoen.nl, geöffnet: tägl. 10–22 Uhr. Im Jahr 1927 entwarf Stadtbaumeister Bouma diesen runden Pavillon mit geometrischen Formen auf dem Dach, der dank der Fensterfront viel Licht hineinlässt und einen Blick auf den Stadtparkteich bietet. Draußen sitzen die Gäste herrlich im Grünen – der ideale Platz für einen sonnigen Nachmittag. Auf der Karte stehen mittags belegte Brote, u. a. mit Makrelensalat, und abends Köstlichkeiten wie veganes Curry oder Seebarsch.

33 [I C3] **De Kostery** €, Martinikerkhof 2, Tel. 050 3141978, http://dekostery.nl, geöffnet: tägl. 9 Uhr bis Sonnenuntergang. Fantastische Lage zu Füßen des Martinitoren mit Terrasse am Grote Markt – ideal für eine Pause während des Stadtbummels und zur Stärkung vor dem Aufstieg auf den Martinitoren. Es gibt Salate, Brötchen, Burger und Kuchen.

Kaffeepause in De Kostery zu Füßen des Martinitoren

Gastro- und Nightlife-Areale

Bläulich hervorgehobene Bereiche in den Karten kennzeichnen Gebiete mit einem dichten Angebot an Restaurants, Bars, Clubs, Discos etc.

34 [I C3] **Goudkantoor** €, Waagplein 1, Tel. 050 5891888, www.goudkantoor.nl, geöffnet: Mo.-Sa. 10-21, So. 12-21 Uhr. Über 400 Jahre ist das monumentale Gebäude alt. Wo früher Gold und Silber geschätzt wurden, kann man heute selbst Hüftgold ansetzen, denn ein Ribeye-Steak mit Champignonrahmsauce in solch einem prachtvollen Renaissance-Ambiente ist nicht zu verachten.

35 [I C4] **Huis de Beurs** €, Akerkhof 4, http://huisdebeurs.nl, Tel. 050 3120333, geöffnet: Di.-Sa. 11-21 Uhr. Urgemütliches Restaurant in einem Altbau gegenüber der Korenbeurs (daher auch der Name). Draußen gibt es eine schmale Terrasse, drinnen Messinglüster, dunkle Holztische, altertümliche Lederstühle und Kerzen auf dem Tisch. Zum nostalgischen Ambiente passen Groninger Senfsuppe und Schnitzel (das heißt auch im Niederländischen so).

36 [I C3] **Land van Kokanje** €, Oude Boteringestraat 9, Tel. 050 3180622, www.

Preiskategorien Restaurants

Preise für ein Hauptgericht ohne Getränke:

€	bis 20 €
€€	20-25 €
€€€	ab 25 €

Mein Tipp

Speisen unterm Braukessel

Bei den Einheimischen ist diese Mischung aus Brauerei und gehobener Küche (die Braukessel stehen im Restaurant) äußerst beliebt, daher bekommt man auch unter der Woche ohne Reservierung kaum einen Tisch. Zwar sind weder Bier noch Essen günstig, doch wer einmal bei Dokjard war, kommt wieder. Das Essen ist ausgezeichnet, angefangen vom Klassiker Spareribs bis zu den vegetarischen Kräuterknödeln mit Spargel und Pilzen oder dem Schollenfilet. Übrigens: Dok steht für die Lage am Hafen, Jard ist der Name der Besitzerin.

37 [I A2] **Dokjard** €€€, Noorderhaven 63, https://dokjard.nl, Tel. 050 3642420, geöffnet: Mo.-Do. 15-23.30, Fr., Sa. 14-23.30 Uhr

091gr-ug

Hausgebrautes Bier und gutes Essen im Dokjard

landvankokanje.nl, geöffnet: Mo.-Sa. 11-21.30, So. 12-20 Uhr. Der Name des Restaurants bedeutet soviel wie Schlaraffenland. Und darunter versteht man in diesem gepflegten Jugendstilgebäude: Champagner, Jakobsmuscheln, Lachs, Gambas und Entrecote.

38 [I D4] **WEEVA** €, Gedempte Zuiderdiep 8-10, Tel. 050 5886555, www.weeva.nl, geöffnet: tägl. 17-23 Uhr. Das Restaurant kann auf eine lange Tradition bis ins Jahr 1871 zurückblicken. Damals wurde hier die Groninger Volksküche eröffnet, in der preisgünstige Erbsen- und Rinderbrühe gereicht wurden; später kam ein Schlafsaal hinzu. Der Name Weeva - Woon- En Eethuis Voor Allen (Wohn- und Esshaus für alle) - etablierte sich. Heute ist nur noch der Name geblieben. Man isst stilvoll an Bistrotischen und lässt sich typisch niederländische Gerichte wie Endivien-Stamppot schmecken.

International

39 [I B3] **De Uurwerker** €, Uurwerkersplein 1, www.uurwerker.nl, geöffnet: So.-Mi. 12-23, Do. 12-1, Fr., Sa. 11-1 Uhr. Ist das ein Arbeitsplatz für Freelancer, ein Studienraum für Studenten oder ein Restaurant? De Uurwerker verbindet alles, denn man kann sich hier zum Lesen, Lernen, Arbeiten und Essen niederlassen - im Sommer auch draußen auf der großen Terrasse im Hof. Auf der Karte stehen Speisen wie belegte Brote sowie viele vegane und vegetarische Gerichte.

40 [I C1] **DOT** €, Vrydemalaan 2, Tel. 050 2112514, www.dotgroningen.nl, geöffnet: Di. 15-21, Mi.-So. 12-22 Uhr. Ein eigenes Kino und einen eigenen Strand hat nicht jedes Restaurant. DOT ist jedoch auch in Bezug auf das Essen (interessante Karte mit internationalen Gerichten) ein Anziehungspunkt. Schon von Weitem fällt das eigenartige Gebäude mit dem kugelförmigen Dach auf. Früher war dies ein 3D-Kino, heute werden mittwochs Klassiker wie Star Wars im halbkreisförmigen Kinosaal über dem Restaurant gezeigt. Schöne Terrasse mit Stadtstrand, draußen Selbstbedienung.

41 [I C1] **Florentin** €, Langestraat 66, www.florentingroningen.nl, geöffnet: tägl. 18-23 Uhr. Das Ebbingekwartier ist im Aufwärtstrend. Das Restaurant befindet sich in einer ehemaligen Gasfabrik aus dem Jahr 1854, in der Gas aus Steinkohle produziert wurde. Die industrielle Atmosphäre ist erhalten geblieben und heute kommen die meisten Besucher wegen der hervorragenden Tel-Aviv-Küche, die sich durch eine Kombination

Nach dem Essen ins Kino oder an den Strand: DOT

034gr-ug

Meine Tipps

Lecker vegetarisch

43 [I B2] **Bla Bla** €, Nieuwe Boteringestraat 9, Tel. 050 3132088, www.blabla.nl, geöffnet: Mi.–Sa. 17–22, So. 17–21 Uhr. Zwischen Innenstadt und Noorderplantsoen befindet sich das kleine Restaurant, in dem Vegetarier und Veganer viel Auswahl finden, vor allem aus der mediterranen, arabischen und indischen Küche.

44 [I B3] **Brussels Lof** €€€, Akerkstraat 24, Tel. 050 3127603, www.brusselslof.com, geöffnet: Di.–Sa. 17.30–22 Uhr. Fisch oder vegetarisch, pur und frisch, möglichst biologisch und aus der Region – das kennzeichnet dieses feine, alteingesessene Restaurant.

Dinner for one

- **Huis de Beurs:** gemütliches Restaurant (s. S. 51)
- **The Social Hub:** Restaurant in einer Mischung aus Hotel, Youth Hostel, Co-Working-Space und Studentenwohnheim. Hier knüpft man schnell neue Bekanntschaften (s. S. 65).

Für den späten Hunger

45 [I D3] **Big Snack Hoek** €, Grote Markt 34, www.bigsnack.nl, geöffnet: Mo., Di. 12–4, Mi. 12–5, Do.–Sa. 12–6, So. 12–23 Uhr. Keine kulinarischen Höhenflüge, eher etwas zum Magenfüllen gibt es bei Big Snack, für die ganz Eiligen auch aus Wärmebehältern in der Wand.

Für den schnellen Snack

46 [I C4] **Frietwinkel Groningen** €, Folkingestraat 69, www.frietwinkelgroningen.nl, geöffnet: tägl. 11.30–20.30 Uhr. In der Pommesbude gibt es Pommes mit Suchtfaktor, ganz frisch zubereitet. Dazu kann man sich einen Rinderschmortopf nach Großmutters Rezept bestellen. Es wird auf regionale Produkte, umweltfreundliche Verpackungen, Energieeinsparung und Mülltrennung geachtet.

Lokale mit guter Aussicht

- **Blick auf den Stadtstrand:** DOT (s. S. 52)
- **Blick auf den Noorderhaven:** Dokjard (s. S. 51)
- **Mitten im Grünen:** Café Zondag im Noorderplantsoen (s. S. 50)

47 [I D3] **Vapiano** €, Poelestraat 16–18, https://nl.vapiano.com, geöffnet: tägl. 10–24 Uhr. Pizza, Pasta etc. mit fantastischem Blick auf den Martinitoren 9. Das Vapiano-Konzept kennt man aus anderen Städten, doch die 1300-m²-Dependance in der Ausgehmeile Poelestraat ist nicht nur riesig, sondern mit der fantastischen Dachterrasse auch noch ein echter Lieblingsplatz.

aus mediterranen, nahöstlichen und nordafrikanischen Aromen auszeichnet.

- **The Social Hub** € (s. S. 65), www.thesocialhub.co/de/groningen/essen-und-trinken, geöffnet: Mo.–Do. 7–22, Fr., Sa. 7–23, So. 8–22 Uhr. Angesagte Atmosphäre und gute Küche zeichnen das Restaurant aus, das in der gleichnamigen Unterkunft untergebracht ist. Es gibt kleine Gerichte wie Bites, Bowls, Suppen und Sandwiches. Die Idee ist, mehrere Speisen zu bestellen und dann zu teilen. Auch ideal als Anlaufstelle fürs Frühstück oder einen Cocktail am Abend.

42 [I C4] **Wadapartja** €, Gedempte Zuiderdiep 39–41, http://wadapartja.nl, geöffnet: Mi.–So. 10–17 Uhr. Wadapartja lässt sich übersetzen mit „etwas seltsam, ja" – und das ist dieses Konzept auch, denn man kann hier essen, trinken, einkaufen und an Workshops teilnehmen. Auf der Karte stehen Gerichte

MEIN TIPP

Mr. Mofongo

Wenn jemand eine Reise tut, so kann er was erzählen … und Patrick Beijk hat sehr viel zu erzählen. Die Geschichte geht so: Als Fotograf und Gastronom traf er auf St. Lucia einen Südamerikaner namens Mr. Mofongo, mit dem er einen über den Durst trank und der ihn sehr inspirierte. Wieder zurück in Groningen eröffnete Patrick eine Mr. Mofongo gewidmete Kombination aus Restaurant, Kneipe, Cocktail-, Snack- und Weinbar. Über mehrere Stockwerke verteilt gibt es gemütliche Räume und Nischen. Sehr beeindruckend ist die Cocktailbar mit verschiedenen selbstgebrannten Spirituosen, die sich in Glasbehältern sieben Meter hoch an der Wand stapeln. Über einen Greifarm werden dort die Zutaten automatisch für diverse Cocktails gezapft. Mr. Mofongo war wohl ein Technikfreak, denn im Restaurant gibt es eine elektrische Weinzapfanlage, eine Weinglasdrehmaschine und eine Rooftop-Weinbar. Alles schwer zu erklären, am besten selbst vorbeischauen! Es lohnt sich auch in Hinblick auf die gute Küche mit – wie sollte es bei diesen Weltenbummlern auch anders sein – Gerichten aus aller Welt.

51 [I C3] **Mr. Mofongo** €, Oude Boteringestraat 26, www.mofongo.nl, geöffnet: tägl. ab 11 Uhr

092gr-ug

aus regionalen Zutaten, z. B. Fisch aus der Nordsee, Biobier von Terschelling und Getreide aus Groningen. Auch viele vegane und vegetarische Speisen. Was die Einrichtung betrifft: Alles im Restaurant ist käuflich – von der Serviette bis zur Lampe.

Cafés

Vorsicht Verwechslungsgefahr: Unter einem *café* versteht ein Niederländer eine Kneipe. Es folgen Cafés, wie wir sie kennen.

48 [I C2] **Food Matterz**, Oude Ebbingestraat 86, www.foodmatterz.nl, geöffnet: So., Mo. 10–17.30, Di.–Sa. 9–17.30 Uhr. Gemütliches Café/Bistro mit hellen Holztischen und schwarzen Stühlen. Alle Gerichte werden frisch und ohne künstliche Zutaten zubereitet. Und die verwendeten Produkte haben zum Teil ihre eigene „Geschichte": Der Joghurt stammt von Durkjes Bauernhof, das Vollkornbrot von Bakker Luuk, und mit dem Earth Kaffee werden Wasserprojekte in Asien und Afrika unterstützt. Zum Frühstück gibt es Köstlichkeiten wie getoastetes Bananenbrot mit Kokosjoghurt und Früchten, außerdem Sandwiches und Salate mit frischen und gesunden Zutaten. Zum Café gehört ein kleiner Ladenbereich mit Delikatessen.

49 [I C2] **Katzencafé Op z'n Kop,** Oude Ebbingestraat 57, http://opznkop.nl, geöffnet: Mo. 11–19, Di., Mi. 10–19, Do.–So. 10–20 Uhr. Im Katzencafé haben zehn Katzen aus dem Tierheim ein neues Zuhause gefunden. Zwischen ihnen können Gäste einen Kaffee trinken oder einen High Tea genießen.

50 [I C4] **TOET** Gedempte Zuiderdiep 85, www.toet.nu, tägl. 10–17 Uhr. Die Köche haben sich auf *pannekoek* (Pfannkuchen) und köstliche Kuchen in Geschmacksrichtungen wie Schokolade-Dattel, Honig-Mandel und Käsekuchen spezialisiert.

Informationsstellen

Infostellen in der Stadt

› **Groningen Store**, im Forum 8, Tel. +31 (0)50 3139741, www.groningenstore.nl, geöffnet: Mo.–Fr. 9.30–18, Sa. 10–17, So. 12–17 Uhr. Sehr zentral auf dem Grote Markt steht das riesige, architektonisch interessante Forum Groningen. Allein das Gebäude mit seinen freistehenden Rolltreppen ist einen Besuch wert! Im Groningen Store finden Touristen Souvenirs, Broschüren, Stadtpläne und Buchungsmöglichkeiten für Stadtführungen.

Die Stadt im Internet

› **visitgroningen.nl:** sehr umfangreiches Internetangebot von Marketing Groningen, das über alle wichtigen Themen informiert: Hotels, Restaurants, Sehenswürdigkeiten, Ausgehadressen, Veranstaltungen.

Publikationen und Medien

› Der Groningen Store hält in seiner Infostelle am Grote Markt 8 auch einige **Themenbroschüren in deutscher Sprache** gegen einen kleinen Unkostenbeitrag bereit. So gibt es beispielsweise den „Hanse-Rundgang" (2,50 €).

› **Groningen. Alles über Stadt und Provinz Groningen.** Interessantes Hochglanzmagazin, herausgegeben von Groningen Marketing in deutscher Sprache. Erhältlich beim Groningen Store.

› **Gratis-Stadtführer,** herausgegeben und erhältlich beim Groningen Store. Heftchen mit Tipps zu u. a. Shopping und Restaurants.

› **CityMap made by Groningers.** Stadtplan mit englischsprachigen Erläuterungen und Insider-Tipps von Groningern (Download unter https://atelierplek.nl/project/citymap).

093gr-ug

Smartphone-Apps

› **9292:** Die kostenlose App 9292 sollte auf keinem Smartphone fehlen, denn sie beschreibt den Weg von A nach B: Ob man Bus, Straßenbahn oder Zug nehmen soll und wie lange man zu Fuß weitergehen muss, um ans Ziel zu gelangen (einschließlich Kostenangaben für den öffentlichen Nahverkehr). Die App gibt es gratis, in niederländischer und englischer Sprache (für iOS und Android).

› **NS Reisplanner:** Wer in den Niederlanden oft mit dem Zug unterwegs ist, sollte sich den Reiseplaner der Eisenbahngesellschaft NS *(Nationale Spoorwegen)* herunterladen. Die englischsprachige App fragt nach dem Start- und dem Zielbahnhof des Nutzers und gibt dann alle Zugverbindungen an, inklusive der Fahrtzeit, des Preises, des zu erwartenden Andrangs und einer eventuellen Zugverspätung (kostenlos für Android und iOS).

◁ Thai Salad in der Sonne, Cocktails an der Bar – bei Mr. Mofongo

△ Im Groningen Store gibt es jede Menge Mitbringsel und Souvenirs

Meine Literaturtipps

- Alexander Bastek, Elise van Ditmars und Tilmann von Stockhausen: **Niederländische Moderne. Die Sammlung Veendorp aus Groningen,** Michael Imhof Verlag, 2015. Der Groninger Architekt und Ziegelfabrikant Reurt Jan Veendorp (1905–1983) trug eine eindrucksvolle Kunstsammlung zusammen, die er dem Groninger Museum ❶ schenkte. Das Buch beschreibt die Werke, u. a. von Isaac Israels, Johan Barthold Jongkind und Jacob Maris.
- Hermans, Willem Fr.: **Unter Professoren,** Aufbau-Verlag 2016. Ein vergnügliches Buch über Missgunst unter Kollegen, Hinterhältigkeiten und heimliche Begierden an einer niederländischen Universität im Norden.
- Barbara Reeh: **Unter Professorendamen. Ein Universitätsroman über Gastarbeiter, Karrieren und Intrigen,** Books on Demand GmbH, Norderstedt 2012. Realistisches Werk mit allen klassischen Elementen eines Campus-Romans, das auf wahren Begebenheiten an der Universität Groningen zwischen 1987 bis 2002 basiert.

Kunst und Museen

Groningen und Kunst – das gehört zusammen. Nicht umsonst finden in der Stadt große Kulturfestivals wie Noorderzon (s. S. 7) und Noorderlicht (s. S. 57) statt. Außerdem gibt es eine Reihe von Museen sowie über 400 Kunstwerke im öffentlichen Raum. Mit der Academie Minerva, die zur Groninger Hanzehogeschool gehört, ist für ausreichend Nachschub auf dem Gebiet junger Künstler gesorgt.

Museen

❶ [I C5] **Groninger Museum:** *das* Highlight unter den Museen der Stadt. Nicht nur die Ausstellungen gehören zum Besten, was das Land zu bieten hat, sondern auch das Gebäude ist ein kunstvoller Hingucker (s. S. 22).

❹ [I B4] **Museum aan de A:** Groningen gehörte früher der Hanse an und die Schifffahrt spielte seit jeher eine zentrale Rolle in der Stadt. Alles rund um Groningen wird in diesem sympathischen Museum ausgestellt (s. S. 26).

- **Storyworld,** im Forum ❽, www.storyworld.nl, geöffnet: Di.–So. 10–17 Uhr, Eintritt: Erw. 9,50 €, Kinder 6–17 Jahre 6,50 €. Im Comic-, Animations- und Spielemuseum Storyworld werden die großen Geschichten erzählt – von Asterix und Aladdin bis zu The Red Turtle und Horizon Zero Dawn. An 14 interaktiven Installationen können Comics selbst gestaltet werden (s. S. 30).

❻ [I B3] **Universitätsmuseum:** ein Museum über den Menschen, die Natur und die Wissenschaft und über die Instrumente, mit denen man alles zu vermessen, festzuhalten und zu bewerten versuchte (s. S. 28).

Kunstgalerien

52 Ann's Art, Laan Corpus Den Hoorn 100, www.annsart.nl, geöffnet: Di.–Sa. 10–17 Uhr. Rund acht Ausstellungen im Jahr organisiert diese Galerie, weiterhin hat sie sich auf Kunstleihgaben spezialisiert. So können sich u. a. Unternehmen bei Ann's Art ein Porträt, eine Skulptur, Fotografien oder Gemälde für ihr Bürogebäude ausleihen.

53 [I D2] **Kunstlievend Genootschap Pictura,** St. Walburgstraat 1, Tel. 050 3122953, www.pictura-groningen.nl,

geöffnet: Mi.-So. 13-17 Uhr. Die kunstliebende Gesellschaft Picture ist die älteste Galerie Groningens (gegründet 1832). Zu den ausgestellten Künstlern zählten Berühmtheiten wie Jan Toorop, Karel Appel, H. P. Berlage, Corneille, M. C. Escher, Le Fauconnier, Hendrik Willem Mesdag, Piet Mondriaan, Rembrandt van Rijn und Vincent van Gogh.

54 [I B4] **Noorderlicht Photogallery,** Akerkhof 12, www.noorderlicht.com, geöffnet: Mi.-So. 12-17 Uhr, Eintritt frei. Hervorgegangen aus einem Podium für Dokumentarfotografie, hat sich Noorderlicht auch anderen fotografischen Richtungen geöffnet. Wichtig ist aber, dass der „Fotograf eine gute Geschichte erzählen kann". In dem Gebäude neben der A-Kerk finden regelmäßig Wechselausstellungen statt, außerdem Diskussionsrunden, Lesungen und Meisterklassen. Noorderlicht veranstaltet auch das jährliche Noorderlicht Fotofestival (s. S. 8) mit einem zentralen Thema; Hauptaustragungsort sind die benachbarte A-Kerk sowie weitere Galerien in Friesland, Groningen und Drenthe.

Ganz in Weiß: der Starck-Pavillon im Groninger Museum 1

Kunst unter freiem Himmel

Rund **400 Kunstwerke** sind im öffentlichen Raum in Groningen zu sehen, darunter die überdimensionale Frauen-Skulptur **„Ultra"** von Silvia B. am Emmasingel 1 [I B5], die auf den ersten Blick die Schönheitsideale unserer Zeit verkörpert, jedoch bei genauerem Hinsehen eine „Anti-Schönheit" ist.

In der **Folkingestraat** [I C4] gibt es gleich mehrere Kunstwerke, die sich mit dem Thema der Judenverfolgung beschäftigen: Das „Portaal" (Hausnummer 67) ist eine Tür, die zugemauert wurde (hinter ihr ist die Geschichte der Straße verborgen) oder das Pferde-Relief (Hausnummer 23) am Haus eines früheren jüdischen Pferdemetzgers sowie der Schriftzug „weggehaald" (weggeholt) am Haus Nummer 9. Für die Auswahl der Kunstwerke ist unter anderem Kunstpunt Groningen verantwortlich:

› **Kunstpunt Groningen,** Trompsingel 27, Groningen, www.kunstpuntgroningen.nl

Wer mit dem Boot durch Groningen fährt, entdeckt beim Öffnen der **Brücken** Kunstwerke an den Mauern oder an der Brückenunterseite. Letzteres bei der Brücke am Groninger Museum ❶, die nach oben geklappt wird, sobald ein Boot hindurchfahren möchte. Unter der Brücke sieht man aufgeklebte Fliesendrucke in Delfter Blau, die „Kinderspiele" zeigen und vom belgischen Künstler Wim Delvoye stammen. Eine Bootstour durch die Stadt – und unter den Brücken mit den Kunstwerken hindurch – ist bei der Reederei Kool buchbar (s. S. 63).

Mit Kindern unterwegs

Mit Kindern geht man in den Niederlanden sehr entspannt um. Wutanfall im Supermarkt, umgekipptes Glas im Restaurant, erste Fahrradversuche auf dem Gehsteig – kein Problem. Restaurants haben in der Regel Kinderstühle und Kinderessen, die Toiletten einen Wickeltisch und die Museen bieten Kinderaktivitäten. Eltern von **Babys** und Kleinkindern sind im Kräutergarten des Prinsentuins ❿ gut aufgehoben, in dem sich die Erwachsenen einen Kaffee oder Tee am Kiosk holen können, während die Kleinen im Gras krabbeln. Kinder dürften sich auch für einen Besuch des Groningen Store (s. S. 55) begeistern, in dem viele Rolltreppen kreuz und quer durch das Haus verlaufen. Außerdem gibt es im Forum für Kinder viel zu tun, z. B. Filme schauen oder ein Comic-Museum besuchen.

Spielplätze und Kinderbauernhöfe

•55 **Kinderboerderij (Kinderbauernhof) De Beestenborg,** Akeleiweg 69, Tel. 050 5423692, http://debeestenborg.webnode.nl, geöffnet: Mo.–Fr. 9–17, Sa., So. 10–17 Uhr. Bauernhof mit Ziegen, Schafen, Esel, Ponys, Schweinen etc., außerdem ein Spielplatz zum Herumtoben.

MEIN TIPP

Pfannkuchen beim Piraten

In der Gracht liegt das 43 Meter lange Pannekoekschip („Pfannkuchenschiff"), erbaut 1908, auf dem über 100 verschiedene Sorten Pfannkuchen angeboten werden. Wie wär's mit einem Clown-Pfannkuchen (mit Clownnase), einem Nutella-Pfannkuchen, einem Kannibalen-Pfannkuchen mit viel Speck und Wurst oder einem gesunden Pfannkuchen mit Apfel und Banane? Damit kleine Piraten nicht enttäuscht werden, am besten vorher reservieren ...

60 [I D3] **Pannekoekschip** €, Schuitendiep 1017, Tel. 050 3120045, http://pannekoekschip.nl, geöffnet: Di.–So. 12–20.30 Uhr

•56 **Stadtpark (Stadspark),** Concourslaan 1, geöffnet: täglich 9.30–17 Uhr. Spielplatz und Kinderbauernhof mit Hühnern, Ziegen, Kaninchen, Eseln sowie Wildgehege und Pony-Reitstall.

Indoor-Spielplätze

•57 **Ballorig,** Bieskemaar 1, Tel. 050 5496715, www.ballorig.nl/groningen, geöffnet: tägl. 9–18 Uhr, Eintritt: Kinder 1–12 Jahre 9,50 €, Eltern und Begleiter gratis. Viel Plastik, viel Farbe, viel Abwechslung: spielen, klettern, rutschen, hüpfen, toben, kriechen – klasse für Regentage!

•58 **Monkey Town,** Peizerweg 74, Tel. 050 2305533, www.monkeytown.eu/groningen, geöffnet: tägl. 10–18 Uhr, Eintritt: 9,95 €. Indoor-Spielplatz mit Kletter- und Spielgeräten, Bällebecken, Trampolinen und Rutschbahnen.

Außerhalb von Groningen

•59 **Mais-Irrgarten (Maisdoolhof),** Waterviolier 2, Meerstad, geöffnet: Aug. Di. 12–17.30, Mi.–So. 10–17.30,

Sept. Mi.–Fr. 12–17.30, Sa., So. 11–17.30 Uhr. Sofern das Wetter mitspielt, bleibt der Mais-Irrgarten bis Ende Oktober geöffnet. In dem 2,5 ha großen Feld ist ein vier Kilometer langes Wegenetz angelegt – der Ausgang ist nicht leicht zu finden, doch glücklicherweise gibt es einen Aussichtsturm in der Mitte des Irrgartens! Der Zugang ist gratis, Kinder unter 12 Jahren dürfen nur in Begleitung eines Erwachsenen in das Labyrinth. Bitte beachten: Der Irrgarten wird nicht in jedem Jahr angepflanzt, deshalb vorher beim Groningen Store (s. S. 55) nachfragen.

•61 **Seehundstation Pieterburen**, Hoofdstraat 94a, Pieterburen, www.zeehondencentrum.nl, geöffnet: tägl. 11–16 Uhr. Rund eine Dreiviertelstunde geht es mit dem Auto Richtung Norden, bis man zur Seehundstation Pieterburen kommt. Dort werden Heuler, die am Strand gefunden wurden, aufgepäppelt und danach wieder freigelassen. Man kann Dutzende von Seehunden aus der Nähe beobachten und erfährt anhand von Führungen und Infotafeln mehr über ihre Lebensweise.

Nachtleben

Gute Nachrichten für alle Nachteulen: Groningen kennt keine Sperrstunde. Club-Öffnungszeiten bis 7 Uhr morgens sind also vollkommen normal. Weitere positive Nachricht: In Groningen gibt es Kneipen, Bars und Clubs in Massen. Hier kann also nur eine kleine Auswahl folgen. Eines der beliebtesten und zentralsten Ausgangsviertel liegt rund um **Grote Markt** (8), **Poelestraat und Peperstraat** [I D3]. In dieser Gegend findet man viele Studentenbars und urige Kneipen mit dunkler Holzeinrichtung, die in den Niederlanden auch *bruine cafés* genannt werden. Einige Kneipen in der Poelestraat bieten eine sog. *piekuur* („Stoßzeit") von 21 bis 1 Uhr an, in der Getränke rund 1–1,50 € kosten – zum Warmtrinken sozusagen.

Bevor es am Abend richtig losgeht und sich die jungen Leute ins Groninger Nachtleben stürzen, holt man sich erst einmal eine **Stärkung bei Big Snack Hoek** (s. S. 53). In der Snackbar an der Ecke *(hoek)* gibt es Pommes, Hamburger und Chickenwings zum studentenfreundlichen Preis und auch „zum Ziehen aus der Wand". Dann geht es weiter in eine der vielen Kneipen in der Poele- oder Peperstraat, wie das Chupitos, in dem es die ausgefallensten Shots gibt (s. S. 60).

Smoker's Guide

In Groningen gibt es keine Raucherkneipen, die vielen Restaurant- und Kneipenterrassen bieten aber einen – im Winter beheizten – Platz zum Rauchen im Freien.

In erster Reihe an der Gracht: Café de Sigaar (s. S. 60)

Kneipen

62 [I D3] **'t Golden Fust,** Poelestraat 15, www.tgoldenfust.nl, geöffnet: tägl. ab 21 Uhr. Noch eine Kneipe, die unter der Woche fest in den Händen der Groninger Studenten ist, am Wochenende mischt sich das Publikum aber. Man kommt für *„heerlijke drankjes"* und *„allerbeste hitjes"*, also zum Trinken und Mitsingen/-tanzen. Gute Stimmung garantiert.

63 [I D4] **Café de Oude Wacht,** Gedempte Zuiderdiep 3–5, Tel. 050 3125341, www.oudewacht.nl, geöffnet: tägl. 11–24 Uhr. Heineken-Chef Freddy Heineken höchstpersönlich eröffnete im Februar 1955 die Kneipe und seitdem scheint sich die Einrichtung kaum verändert zu haben. Doch eines ist neu: Heineken steht nicht mehr alleine auf der Karte, es gibt weitere Biere vom Fass, z. B. von der Amsterdamer Brauerei t'IJ. Die Hauptgerichte wie Wiener Schnitzel, Hamburger und Saté-Spieße zum Einheitspreis von 15 € können sich sehen lassen.

MEIN TIPP

Drie Gezusters – Europas größter Gastronomiebetrieb

Die „Drei Schwestern" sind eine echte Institution: Ein ganzes Labyrinth aus Kneipen, von denen die eine in die andere übergeht, weiter nach oben und unten, nach rechts und links – Theken und kuschelige, düstere Nischen zum Sitzen und Essen, dann wieder Räume, die an Zugabteile erinnern, mit Koffern auf Metallträgern. Die Eingangsbereiche ähneln eher gemütlichen Bibliotheken, doch im Obergeschoss geht an den Wochenenden die Post ab. In mehreren Räumen wird getanzt und getrunken, es gibt u. a. eine Bar, die sich dreht und eine, in der man zu Latinomusik Cocktails trinkt. Gemeinsamer Nenner: Es ist urgemütlich. Man sieht tagsüber Familien mit Kindern, Freundinnen beim Plausch und Senioren beim Wein, abends schauen die Studenten vorbei, gerne im Obergeschoss in der Tikibar oder in der Blokhut. Und woher kommt der Name? Drie Gezusters heißt „drei Schwestern" und zwei der Gründer hatten jeweils drei Schwestern. Das scheint zu prägen ...

67 [I C3] **Drie Gezusters,** Grote Markt 36/39, www.driegezustersgroningen.nl, geöffnet: Mo.–Sa. ab 10, So. ab 11 Uhr

64 [I B3] **Café De Sigaar,** Hoge der A 2, http://cafedesigaar.nl, geöffnet: So., Mo. 11–21, Di., Mi. 10–22, Do.–Sa. 10–24 Uhr. De Sigaar ist eine Mischung aus Café und Kneipe (eher älteres Publikum), in der man auf einen Wein, ein Bier oder einen Kaffee vorbeischaut und dazu einen Snack isst. Der Besitzer des Cafés umschreibt die Atmosphäre als die eines „Brüsseler Grand Cafés". Seine Leidenschaft gilt der Zigarre, zwar nicht derjenigen, die man anzündet und vor sich hin pafft, sondern den Zeppelinen, die auch als Zigarren bezeichnet werden. Hinzu kommt, dass an der Stelle früher einmal eine Zigarrendreherei stand. Heute werden im Sigaar auch hauseigene Biere ausgeschenkt: ein Blond und ein Triple, beide vom Fass.

65 [I D3] **Chupitos,** Peperstraat 9, http://chupitos.nl, geöffnet: Mo.–Sa. 22–5 Uhr. Shots mit Show: Über 250 verschiedene „Kurze" werden hier mit viel Tamtam gemischt. Wer ein „Satansblut" oder eine „Atombombe" bestellt, kann sich denken, dass das nichts für Weicheier ist. Das Auge trinkt mit: So mancher Shot wird erst einmal in Flammen gesetzt.

66 [I D3] **De Negende Cirkel,** Poelestraat 25, www.negendecirkel.nl, geöffnet: tägl. 21–6 Uhr. Echte Studentenkneipe (Bedienungen und Gäste sind Studenten) – zum Abtanzen, Trinken und laut

Mitsingen. Seit 50 Jahren schon ein feste Institution in Groningen!

68 [I D1] **Kult**, Steentilstraat 36-1, www.cafekult.nl, geöffnet: Di.-So. 16-3 Uhr. Im Gegensatz zu den *bruine cafés*, den Kneipen mit den dunklen Wänden und dem schummrigen Licht, ist Café Kult bunt und kunstvoll, denn an den farbenfrohen Wänden hängen Werke von Studenten der Kunstakademie. Die Küche – zwischen 16 und 21 Uhr geöffnet – bietet auch viele fleischlose Gerichte, z. B. veganes Nussfondue, und es werden, wo möglich, biologisch erzeugte Zutaten verwendet. Nach dem Essen können die Gäste das Tanzbein schwingen, denn am Freitag- und Samstagabend legen DJs auf – von House über Jazz bis zu Reggae und Lounge.

Clubs

69 [I C3] **Palace,** Gelkingestraat 1, https://palacegroningen.nl. Während der Studentennacht am Donnerstag und der Saturday Night (23-5 Uhr) sorgen DJs für gute Stimmung.

70 [I D3] **Vera,** Oosterstraat 44, www.vera-groningen.nl. Im „Club for the International Pop Underground" sind schon U2 und Nirvana aufgetreten. Heute finden 2-4-mal pro Woche Konzerte statt, am Samstag legen DJs auf. Veranstaltungskalender auf der Website.

Radfahren

Groningen gehört zu den fahrradfreundlichsten Städten der Niederlande. Im Durchschnitt wird in Groningen 1,31-mal am Tag das Fahrrad genutzt (im Rest der Niederlande „nur" 0,84) und 60 % aller Wege werden mit dem Rad zurückgelegt. Dies soll sogar ein **weltweiter Rekord** sein! Auf die *fietsers* (Radfahrer) warten hervorragend ausgebaute Radwege entlang der Straßen (145 km), eigene Fahrradampeln (die bei Regen angeblich schneller auf Grün umspringen) und kostenlos überwachte Fahrradparkplätze. Selbst in der Fußgängerzone ist Radfahren erlaubt, was teilweise zu einem Gewusel von Fußgängern und Radfahrern führt.

Besonders beliebt in den Niederlanden sind die sog. **OV-fietsen,** Fahrräder, die an Bahnhöfen und P+R-Plätzen zum Verleih angeboten werden und v. a. praktisch sind für routinierte Niederlandefahrer, die schon über eine OV-Karte verfügen (Kosten: 4,45 € für 24 Stunden).

› www.ns.nl/en/door-to-door/ov-fiets

Ein weiterer Fahrradverleih ist **Fietsverhuur Groningen.**

71 [I C4] **Fietsverhuur Groningen,** Gedempte Zuiderdiep 95, www.fietsverhuurgroningen.com, Mo.-Fr. 10-18, Sa., So. 10-17 Uhr

039gr-ug

Bevorzugtes Fortbewegungsmittel der Groninger: das „fiets" (Fahrrad)

037gr-ug

Passionierte Langstreckenradler finden im Norden einen ganz besonderen Leckerbissen: Der 90 km lange Fahrradweg **„Kiek over Diek"** führt von Lauwersoog bis zum östlichsten Punkt der Provinz Groningen immer am Deich entlang und sorgt damit für herrliche Ausblicke über das **UNESCO-Weltnaturerbe Wattenmeer.**

Einen Überblick über die schönsten Radtouren bietet die **Website von Visit Groningen** (www.visitgroningen.nl/de/aktivitaten/radfahren).

Gut zu wissen: Unter dem Forum 8, mitten in der Innenstadt am Nieuwe Markt, gibt es eine große, kostenlose **Fahrradgarage.**

Reisen mit Tieren

Es gibt in der Groninger Innenstadt ein paar Straßen, in die keine Hunde hinein dürfen (auch nicht angeleint): die Zwanestraat [I C3] (von der A-Kerkstraat bis zur Guldenstraat), die Einkaufsstraße Herestraat [I C3/4], der Carolieweg [I C/D4], die Rasenfläche am Martinikerkhof 9 sowie am Weiher im Park Noorderplantsoen 14. Wer sich nicht daran hält, muss mit einer Geldstrafe in Höhe von 90 € rechnen. Im Stadpark und im Stadsbos gibt es *losloopgebieden,* also Bereiche, in denen Hunde frei herumlaufen dürfen. In den **Bussen der Gesellschaft Qbuzz** dürfen Tiere gratis mitfahren. Wie auch in Deutschland, sollte der Hundehaufen beseitigt werden. Bei Nichteinhaltung drohen 120 €, bei Nichtmitführen einer Plastiktüte 90 € Strafe.

Stadttouren

Mit dem Boot

•**72** [I D5] **Kanuverleih Bedrijfnat,** Herebrug 1, Tel. 062 5136629, https://bedrijfnat.nl, geöffnet: Mai–August tägl. 10–21 Uhr. Tretboote, Elektroboote, SUPs und Kanus gibt es bei dem kleinen Bootsverleih zu Füßen der Herebrug zu mieten. Das Kanu für zwei Personen kostet 25 € für 1½ Stunden.

⊼ *Perspektivenwechsel: die Stadt vom Wasser aus erkunden*

⊳ *Groninger Kulturtempel: die Stadsschouwburg*

KURZ & KNAPP

Doppelt pünktlich

Während einer Bootstour (s. S. 62) wird man sicherlich in der Ferne die katholische St.-Josef-Kathedrale [I D4] erblicken, die Bischofskirche des Bistums Groningen-Leeuwarden. Auffallend ist der 76 m hohe, sechseckige Kirchturm, ein Entwurf des bekannten Architekten Pierre Cuypers, der auch für das Amsterdamer Rijksmuseum verantwortlich war. Der Turm trägt den Spitznamen „dronkemanstoren" („Trunkenboldturm"), da man scheinbar doppelt sieht. Der Hintergrund: Der Turm verfügt über sechs Uhren, von denen zwei immer zu sehen sind.

•73 [I C5] **Rondvaartbedrijf Kool,** Stationsweg 1012, neben dem Bahnhof und der Brücke, die zum Groninger Museum führt, Tel. 050 3128379, https://de.rondvaartbedrijfkool.nl, Kosten: Erw. 12,50 €, Kinder 4–11 Jahre 7,50 €. Die Grachten heißen in Groningen „diepen", und diese lassen sich während einer einstündigen Bootsfahrt bequem erkunden. In drei Sprachen (Niederländisch, Englisch und Deutsch) gibt es Erklärungen zu allen wichtigen Gebäuden, die an der kreisförmigen Stadtgracht liegen, zudem geht es ein Stück hinaus in den östlichen Hafenbereich, wo sich auch der Tasman-Toren befindet (s. S. 13).

Zu Fuß

› Führungen auf Deutsch werden vom **Groninger Gidsenteam** jeden Samstag um 11.30 Uhr angeboten. Tickets sind erhältlich über www.getyourguide.de, Kosten: 16,50 €. Treffpunkt ist im Erdgeschoss des Forums Groningen 8 vor dem Groningen Store. Weitere Infos: https://groningergidsenteam.nl/de.

Theater und Konzerte

74 **MartiniPlaza,** Leonard Springerlaan 2, Bus 2, Richtung Hoornsemeer oder zu Fuß 15 Minuten ab Hauptbahnhof, Parkplatz vor der Türe, www.martiniplaza.nl. Der multifunktionelle Komplex wird als Tagungs- und Kongresszentrum ebenso genutzt wie als Sporthalle und Austragungsort für Konzerte. Man kann hier Ellen ten Damme und Stomp anhören, Judo-Meisterschaften verfolgen, sich bei einem Hüpfkissen-Festival austoben oder bei einem Musical schmachten.

75 [I E4] **Oosterpoort,** Trompsingel 27, www.spotgroningen.nl. Das Kulturzentrum Oosterpoort veranstaltet Konzerte aller Stilrichtungen – von Hiphop über Soul und Jazz bis zu Klassik; gespielt

041gr-ug

wird in einem der Konzertsäle im Oosterpoort oder in der Stadsschouwburg, auch Kabarett, Kleinkunst-, Jugend- und Musiktheater gehören zum Programm.

76 [I D2] **Stadsschouwburg Groningen,** Turfsingel 86, www.de-oosterpoort.nl. Oosterpoort und Stadsschouwburg veröffentlichen ihr Programm gemeinschaftlich auf einer Website. Während Oosterpoort ein modernes Gebäude ist, ist die 1883 im Stil der Neorenaissance errichtete Stadsschouwburg ein klassisch-stilvoller Theaterbau, der mit roten Teppichen und Samtsesseln sowie Balkonen und Logenplätzen in die Welt der schönen Künste entführt.

Buchungsportale

Neben Buchungsportalen für **Hotels** (z. B. www.booking.com, www.hrs.de oder www.trivago.de) bzw. für **Hostels** (z. B. www.hostelworld.com) gibt es auch Anbieter, bei denen man **Privatunterkünfte** buchen kann. Portale wie www.airbnb.de oder www.wimdu.de vermitteln Wohnungen, Zimmer oder auch nur einen Schlafplatz auf einer Couch. Diese oft recht günstigen Übernachtungsmöglichkeiten sind nicht unumstritten, weil manchmal normale Wohnungen gewerblich missbraucht werden. Einige Städte greifen deshalb regulierend ein.

Unterkunft

Groningen erhebt eine „toeristenbelasting“, eine Touristensteuer. Sie beträgt 1,60 € pro Kopf und Nacht.

Hotels

77 [I B4] **Asgard Hotel** €€, Ganzevoortsingel 2–1, Tel. 050 3684810, www.asgardhotel.nl. **Natürlich, ökologisch und puristisch:** modern-skandinavisch eingerichtetes Hotel in einem Backsteingebäude aus dem Jahr 1935. Die Zimmer zeigen sich geschmackvoll in natürlichen Materialien und hellen Farben, auch die Lage ist prima: Bahnhof und Groninger Museum liegen um die Ecke. Im Vergleich zum üblichen Hotel-Frühstück kann man sich hier über Bio-Wurst und -Käse, frische Erdbeeren und Melonen sowie knuspriges Brot freuen. Das Asgard-Hotel vermietet auch zwei schicke, in Weiß gehaltene Design-Appartements und Luxus-Zimmer im Dachgeschoss (der Aufpreis lohnt sich).

Preiskategorien Hotels

Die folgenden Preiskategorien beziehen sich auf ein Doppelzimmer pro Nacht:

€	bis 80 €
€€	80–120 €
€€€	120–160 €
€€€€	ab 160 €

78 [I B2] **Hotel Corps de Garde** €€, Oude Boteringestraat 74, Tel. 050 3145437, www.corpsdegarde.nl. **Hip und historisch miteinander kombiniert:** Das Hotel Corps de Garde macht es vor und verbindet raue Backsteinmauern mit dunkelroten Samtsofas und moderne Möbel mit Antiquitäten. Doch am schönsten ist das Gebäude selbst, denn die Hotelzimmer befinden sich in einem Gebäude aus dem Jahr 1634, in dem früher die Hauptwache der Stadt untergebracht war.

79 [I C2] **Hotel Halbert** €€, Oude Boteringestraat 43, Tel. 050 3181222, www.hotelhalbert.nl. **Prima Lage inmitten von historischen Universitätsgebäuden:** In einem stattlichen Backsteingebäude mit modernen Anbauten sind 66 funktional und minimalistisch eingerichtete Zimmer und Suiten untergebracht. Das Hotel hat ein eigenes Restaurant mit Terrasse im Innenhof. In den Zimmern zum Hof kann

es im Sommer etwas lauter werden, wenn die Gäste bis spät in die Nacht im Freien sitzen. Die Lage ist perfekt, doch mit dem Parken wird es etwas schwieriger. Am besten lässt man das Auto in einer öffentlichen Tiefgarage.

80 **Leonardo Hotel Groningen** €, Laan van de Vrijheid 91, Tel. 050 7630070, www.leonardo-hotels.de. **Schlafen im Hochhaus:** an der Autobahn gelegenes, hippes Hotel, das aufgrund seiner Nähe zum MartiniPlaza (Konzerte, Sportveranstaltungen, s. S. 63) beliebt ist. Zwanzig Gehminuten sind es zur Martinikerk (9).

81 [I D2] **Prinsenhof** €€€€, Martinikerkhof 23, Tel. 050 3176555, www.prinsenhof-groningen.nl. **Schlafen wie ein König:** welch ein Bett! Wenn Groningen nicht so sehenswert wäre, könnte man glatt liegen bleiben. Die Matratzen, die fast einen halben Meter hoch sind, stammen aus Amerika und garantieren einen fantastischen Schlaf. Hinzu kommt, dass der Prinsenhof zwar mitten in der Stadt steht, aber vom Prinsentuin und vom Martinikerkhof umgeben ist, sodass man nicht nur bequem, sondern auch ruhig schläft. Auch sonst bleiben keine Wünsche offen: Die 34 Luxus-Zimmer verfügen alle über einen unterschiedlichen Grundriss und erstrecken sich manchmal über zwei Etagen (aufgrund des historischen, verwinkelten Gebäudes). Sie sind mit hellen Möbeln und Antiquitäten eingerichtet und verfügen über Nespresso-Maschine, Bose-Musikanlage und Aqua-di-Parma-Kosmetikprodukte (riechen herrlich!). Das Frühstück genießt man in einem stilvollen Saal aus dem 15. Jahrhundert, der früher einmal eine Abtei-Kirche war.

82 [I D3] **The Market** €€€€, Grote Markt 31, Tel. 050 2074600, https://themarkethotel.nl. **Neu und in Toplage:** Wer direkt am Markt mit Aussicht auf Forum, Rathaus oder Martinitoren nächtigen möchte, muss auch etwas tiefer in die Tasche greifen. Rund 200 € kostet hier die Nacht. Dafür bekommt man auch etwas: ein rund 25 m² großes, stilvolles Zimmer mit Boxspringbetten und Regendusche sowie ein umfangreiches Frühstück im hoteleigenen Restaurant-Café Willem Albert. Das Gebäude stammt übrigens vom Berliner Architekten Thomas Müller.

83 [I C1] **The Social Hub Groningen** €€, Boterdiep 9, Tel. 050 2069161, www.thesocialhub.co/de/groningen. **Günstig muss nicht billig sein:** Was sich erst einmal sehr „basic" anhört, überrascht mit großen, geschmackvoll eingerichteten Zimmern, einem angesagten Restaurant namens Pool, einer locker-freundlichen Atmosphäre und fairen Preisen.

038gr-ug

In der Lobby des Social Hub

Im Social Hub übernachten bei Weitem nicht nur Studenten und Praktikanten, sondern auch Businessleute und Touristen. Kein Wunder, denn Lage (im angesagten Ebbingekwartier, nur sieben Gehminuten von der Martinikerk entfernt) und Ausstattung (beispielsweise Wasserkocher und Espresso-Maschine auf dem Zimmer) sind bestens. Ideal auch für alle, die sich gerne mit Laptop in die Lobby oder ins Restaurant (s. S. 53) setzen, um zu arbeiten.

84 Van der Valk Hotel Groningen Westerbroek €€, Rijksweg West 11, Tel. 050 4046404, www.hotelgroningenwesterbroek.nl. **Vier Sterne an der Autobahn:** Die Van der Valk-Hotels liegen in der Regel nahe der Autobahn – so auch in Groningen. Das ist nicht unbedingt ein Nachteil, denn es gibt einen riesengroßen, kostenlosen Parkplatz vor der Tür. Zur Bushaltestelle sind es nur ein paar Meter. Auch das Hotel selbst hat viele positive Seiten: Es bietet stilvolle, rund 30 m² große Zimmer. Außerdem steht Van der Valk für gutes Essen.

Bed & Breakfast

11 Sint Anthony Gasthuis Bed & Breakfast €€, Tel. 0620 722886406, https://sintanthonygasthuis.com/bed-breakfast-sint-anthony. **Übernachten in einem echten Hofje:** Das kleine Haus ist mit zwei Boxspringbetten, Tisch und vier Stühlen, Sofa, Küche, Kühlschrank, Kaffeemaschine, Wasserkocher, Badezimmer und Toilette, Fernseher und WLAN eingerichtet. Kein Frühstück (s. S. 37).

85 Stee in Stad €, Floresstraat 75, http://steeinstad.nl. **Individuell, farbenfroh und opulent:** Über drei Häuser verteilen sich zwölf Zimmer, die alle unterschiedlich eingerichtet sind: Das Eiszimmer zeigt sich in kühlen Blautönen und mit riesiger Eisbergtapete, das Barockzimmer in Schwarz-Weiß mit floralen Wänden. Im Bauernzimmer schlafen Gäste im Alkoven und im Rosenzimmer in rosaroter Bettwäsche. Gute Aktion: Die Unterkunft bietet Studenten Nebenjobs.

Campingplatz

86 Camping Stadspark Groningen €, Campinglaan 6, Tel. 050 5251624, http://campingstadspark.nl, geöffnet: Mitte März bis Anfang November. Der Campingplatz befindet sich im Stadtpark (rund 3,5 km von der Innenstadt entfernt). Es gibt 110 Plätze mit Stromanschluss, davon 25 auch für Wohnmobile geeignete, und einige Zeltplätze ohne Elektrizität. Zudem stehen auf dem Gelände zwei Sanitärgebäude, ein Restaurant und die Rezeption.

Verkehrsmittel

Die Innenstadt ist gut zu Fuß durchquerbar. Ein Bus oder ein Taxi sind – sofern man keinen Koffer schleppen muss – nicht notwendig.

Bus

In Groningen und Umgebung fahren Busse der Transportgesellschaft **Qbuzz.** Die wichtigste Haltestelle im Groninger Zentrum liegt zu Füßen des Martinitoren 9 am Grote Markt. Von dort aus fahren die Busse beispielsweise zu den P+R-Plätzen (s. S. 43). Fahrkarten können beim Busfahrer gekauft werden. Die Preise für eine Einzelfahrkarte beginnen bei 3 €. Bezahlt werden kann nicht mehr mit Bargeld, nur mit Debit- oder Kreditkarte. Alle Informationen sind unter www.qbuzz.nl/gd/direct-naar/deutsch einsehbar.

Taxi

- **Budget Taxi Groningen,** Tel. 050 7501881, www.budgettaxigroningen.nl
- **Taxi Groningen,** Tel. 050 5418452, www.taxi-groningen.nl

› Auch **Uber** bietet seine Dienste in der Stadt an (www.uber.com).

Weitere Adressen

Apotheken

Was bekommt man in einer niederländischen Apotheke? Siehe hierzu S. 122.

⊕87 [I E4] **pharmacy Oosterpoort,** Griffeweg 13 Tel. 050 3121030, www.serviceapotheek.nl/oosterpoort, geöffnet: Mo.–Fr. 8.30–18 Uhr. Unweit des Kulturzentrums Oosterpoort.

⊕88 [I C3] **pharmacy Venema,** Kwinkenplein 6, Tel. 050 3184284, www.serviceapotheek.nl/venema, geöffnet: Mo.–Fr. 8.30–18, Sa. 11–16 Uhr. Nahe dem Martinitoren gelegen.

Arzt, Krankenhaus

Ein Riesenklotz von einem Krankenhaus steht im Nordosten der Innenstadt, nur zehn Gehminuten vom Grote Markt 8 entfernt. Das UMCG gehört zu den größten Krankenhäusern der Niederlande (rund 1000 Betten) und ist zudem der größte Arbeitgeber im Norden des Landes. Rund 10.000 Menschen arbeiten hier in enger Zusammenarbeit mit der Rijksuniversiteit Groningen.

In der sogenannten Poliklinik, in der verschiedene Fachärzte arbeiten, werden Patienten auch ambulant behandelt. Um einen Termin bei einem solchen Facharzt zu bekommen, braucht man eine Überweisung vom Hausarzt oder geht in die Notaufnahme.

⊕89 **Martini Ziekenhuis (Krankenhaus),** Van Swietenplein 1, Tel. 050 5245245, www.martiniziekenhuis.nl. Südlich der Innenstadt und des Stadtparks steht das Martini-Krankenhaus, das auf Onkologie, Gynäkologie und Orthopädie spezialisiert ist.

042gr-ug

⊕90 [I E2] **UMCG – Universitair Medisch Centrum Groningen,** Hanzeplein 1, Tel. 050 3616161. Die Parkgarage im nördlichen Bereich des Krankenhauses (Vrydemalaan) ist rund um die Uhr geöffnet. Auch mit dem Bus ist das Krankenhaus gut erreichbar (Linie 2, 5 und 6). Ein Teil des UMCG widmet sich der Behandlung von Kindern (Stichting Beatrix Kinderziekenhuis).

Polizei

91 [I D4] **Politiebureau Groningen-Centrum,** Rademarkt 12, Tel. 0900 8844, www.politie.nl, geöffnet: rund um die Uhr

92 **Politiebureau Groningen-Korreweg,** Korreweg 3, Tel. 0900 8844, geöffnet: Mo.–Fr. 9–17 Uhr

Post

Briefmarken (*postzegels*) gibt es meist dort zu kaufen, wo es Ansichtskarten gibt, oder beim *postkantoor.* In den Niederlanden unterscheidet man bezüglich des Portos nicht zwi-

Der Hirsch ist ein beliebtes Apothekensymbol

schen Postkarten und Briefen, wohl aber nach Gewicht, außerdem gibt es **nationale und internationale Briefmarken.** Eine Postkarte oder ein Brief wiegen in der Regel nicht mehr als 20 Gramm, sind daher mit einer **Briefmarke Europa 1** zu versehen und werden an den roten Briefkästen in den Briefschlitz mit der Beschriftung *overige postcodes* (weitere Postleitzahlen) eingeworfen. 2023 lag der Preis für eine internationale Briefmarke (u. a. für die Bestimmungsländer Deutschland, Österreich und die Schweiz) bei 1,55 €.

⊠**93** [I C1] **PostNL,** Nieuwe Ebbingestraat 41, Tel. 0900 0990, geöffnet: Mo.–Fr. 8–18 (Do. bis 21), Sa. 8.30–17 Uhr

Groningen preiswert

- **Günstig parken:** Die Parkeergarage Boterdiep (s. S. 43) besticht mit sehr guten Konditionen.
- **Kostenloser Fahrradparkplatz:** unter dem Forum 8 am Nieuwe Markt
- **Auf den Spuren der Oranier:** Sich in Laubengängen verstecken, an duftenden Rosen riechen, zwischen Buchsbaumhecken spazieren – der Prinsentuin 10 kann jeden Tag zwischen 10 und 18 Uhr unentgeltlich besucht werden.
- **Volle Pulle:** Wer eine Wasserflasche bei sich hat, kann diese an mehreren Stellen in der Stadt an einem weißen Wasserhahn mit der Aufschrift „kraanwater" (Leitungswasser) wieder auffüllen, u. a. vor der Universitätsbibliothek und vor dem Groninger Museum.
- **Locus gratuitus:** Gratis auf die Toilette gehen und noch dazu auf eine so schöne – in der Schuitemakersstraat 22 [I B4] an der Gracht hinter der A-Kerk kann man in einem Kunstwerk Wasser lassen – allerdings nur als Mann (s. S. 28).

⊡ *Wasserflaschentankstelle nahe dem Groninger Museum* 1

043gr-ug

LEEUWARDEN

045gr-ug

Leeuwarden verstehen

Leeuwarden ist **leise**, denn der Charakter einer kleinen Provinzhauptstadt weht noch immer durch die Gassen, und zugleich **lebendig**, da über 28.000 Studenten die Stadt bevölkern. Die Stadt ist angenehm **bodenständig** (der Friese gilt als nüchtern) und dennoch **innovativ**. Und Leeuwarden bietet mit über 800 Kulturdenkmälern nicht nur einen großen Reichtum an **Geschichte**, sondern zeigt auch einen auffälligen Stolz darauf, die im historischen Zentrum ⑱ anschaulich präsentiert wird. In Leeuwarden residierte Maria Louise von Hessen-Kassel, der Künstler M.C. Escher wurde hier geboren, die Doppelspionin Mata Hari (s.S. 92) wuchs in der Stadt auf und auch Rembrandts Frau Saskia van Uylenburg stammt aus Leeuwarden.

Diese reiche Geschichte spiegelt sich noch heute in der **bezaubernden Altstadt** mit ihren Grachten, Brücken, dem Waaghaus ㉕ und den vielen historischen Häusern aus dem 17. Jahrhundert wider. Dass die Leeuwarder ihre Geschichte und Traditionen gerne lebendig halten, zeigen die vielen Ehrenamtlichen, die im Historisch Zentrum arbeiten oder mit allen Kräften den Tante-Emma-Laden namens De Grutterswinkel ㉓ am Leben halten.

Auch wenn Leeuwarden heutzutage eine eher ruhige Provinzhauptstadt ist, rückt sie doch immer dann in den Fokus des landesweiten Interesses, sobald die Temperaturen sinken und sich unter dem Nullpunkt bewegen. Denn Leeuwarden ist Start- und Endpunkt der in den ganzen Niederlanden äußerst beliebten **Elfstedentocht**, der Tour auf Schlittschuhen, die auf vereisten Kanälen durch elf Städte führt (s.S. 71).

Die Ernennung zur **Kulturhauptstadt Europas 2018** hat Leeuwarden in jüngerer Vergangenheit einen wahren Schub verliehen. Neue Restaurants und Geschäfte eröffneten, die komplette Innenstadt wurde hergerichtet, Häuser wurden saniert, Museen auf Vordermann gebracht und neue (Kunst-)Projekte wurden ins Leben gerufen.

Auch für **Studenten** wurde die Stadt attraktiver. Leeuwarden steht hoch im Kurs und an der – inzwischen um einiges gewachsenen – **Hotelfachschule NHL Stenden Hogeschool** studieren junge Leute aus aller Welt. Auch im Bereich der Wassertechnologie konnte sich Leeuwarden einen Namen aufbauen: Der **WaterCampus** hat den Anspruch, in Europa führend auf seinem Gebiet zu werden (www.watercampus.nl).

◁ Vorseite: Eine Praam-Tour (s.S. 117) muss man erlebt haben

Leeuwarden – ein Porträt

Auffälligstes Bauwerk, zumindest von Weitem, ist der über 100 Meter hohe **Achmea-Toren** (Turm), der von der gleichnamigen Versicherungsgesellschaft errichtet wurde.

Nähert man sich der Innenstadt, dann fällt der **Turm** der Grote Kerk ㉒ auf. Noch weiter Richtung Zentrum stößt man auf eine ganz besondere Erscheinung: den schiefen Turm von Leeuwarden. Warum er so schief ist, das wird ab S. 80 genauer erklärt.

Ebenfalls auffallend sind die **Grachten**, von denen es in Leeuwarden zwei Sorten gibt: Die Gracht namens **Singel** umgibt sternförmig den Stadtkern und diente Verteidigungszwecken; auf der

Das gibt es nur in Friesland: die Elfstädtetour (Elfstedentocht)

Über 25 Jahre ist es her, dass die Elfstedentocht zum letzten Mal stattfand. Diese Tour auf Schlittschuhen, die sich 200 Kilometer lang über Grachten, Kanäle und Seen durch elf friesische Städte schlängelt, lässt das Herz eines jeden Niederländers höher schlagen. Sogar König Willem-Alexander fuhr bei der letzten **Elfstedentocht** mit (und schaffte die ganze Strecke, womit er sich bei den Holländern viel Respekt verdiente).

Die Tour führt von Leeuwarden im Uhrzeigersinn durch Friesland – über Sneek, IJlst, Sloten, Stavoren, Hindelopen, Workum, Bolsward, Harlingen, Franeker, Dokkum und zurück nach Leeuwarden. Für einen Tag wird dann das kleine, sonst so ruhige **Bartlehiem** zum Zentrum von Friesland. Dort müssen die Eisläufer unter der mittlerweile weltberühmten Brücke hindurch nach Dokkum fahren, umkehren und unter derselben Brücke zurück nach Leeuwarden „schaatsen“ (eislaufen). Bei der letzten Elfstedentocht im Jahr 1997 nahmen 16.000 Menschen teil, 2000 Journalisten waren vor Ort, Blaskapellen spielten, Tausende von Menschen jubelten den Schlittschuhfahrern vor Ort zu und 11 Millionen saßen an ihren Fernsehern: ein riesiges, winterliches Volksfest, das leider viel zu selten zustande kommt.

Die Hölle von 1963

Ein reines Vergnügen ist diese Tour wahrlich nicht, zumindest nicht für diejenigen, die mitfahren. Frühmorgens, noch im Dunkeln, geht es aufs Eis. Dann muss man sich in allen elf Städten einen Stempel holen, und nur wer vor Mitternacht die Tour geschafft hat, bekommt das begehrte „Elfstedenkruisje“, das bisher 17.000 Mal verliehen wurde und den Besitzer zum Helden macht. Die Gewinner der Elfstedentochten sind in den Niederlanden Volkshelden. So weiß ein jeder, dass Reinier Paping „de hel“, die Hölle von 1963 gewonnen hat. Von den fünfzehn Elfstedentochten, die seit 1909 ausgetragen wurden, war dies **die härteste und die legendärste.** Bei minus 18 Grad brachen am 18. Januar 1963 die rund 10.000 Eisläufer frühmorgens auf, später kam eisiger Ostwind auf und es begann zu schneien. Immer mehr Schlittschuhläufer mussten völlig erschöpft und halb erfroren die Tour abrechen, viele waren orientierungslos und schneeblind. Von den 10.000 gestarteten Schlittschuhläufern erreichten nur 69 das Ziel. Reinier Paping war mit einer Zeit von 10 Stunden und 59 Minuten der Schnellste – und gewann zwei Jahreskarten für die Eislaufbahn und eine silberne Zigarettendose!

anderen Uferseite standen keine Gebäude und es durften keine Boote auf ihr fahren, sodass der Feind schnell zu sehen war. Sehr gut ist der Singel vom Hügel des Prinsentuins (19) zu sehen, der ebenfalls Teil der Befestigungsanlage war. Der andere Grachtentyp sind die **Stadtgrachten**, über die die Stadt mit Vorräten beliefert wurde. In früheren Zeiten geschah das hauptsächlich über Boote (s. S. 89).

Noch ein anderes Phänomen gibt es in Leeuwarden: **Mini-Hügel.** Blickt man von der Grote Kerkstraat auf die Kleine Hoogstraat [II C2], dann zeigt sich, dass sie nach unten führt. Der Grund ist darin zu suchen, dass Leeuwarden auf drei Warften *(terpen)* er-

baut war: **Oldehove, Nijehove und Hoek.** Eine Warft ist ein künstlich aufgeschütteter Hügel, der die Siedlung vor Sturmfluten (der früher angrenzenden Middelzee) schützen sollte. Führte der Weg zu einer Warft, führte er nach oben.

Der **Name** Leeuwarden hat ebenfalls mit einer Warft *(werd)* zu tun, allerdings nicht in Zusammenhang mit Löwen (niederländisch *leeuwen*), was die meisten Niederländer vermuten. Das wäre naheliegend, ist doch der Löwe im Wappen der Oranier abgebildet. Doch der erste Wortteil von Leeuwarden stammt von *luwte* ab, was soviel bedeutet wie Windschatten. Somit ist Leeuwarden ein Ort im Windschatten einer Warft.

Leeuwarden in Zahlen

- **Gegründet:** 1435
- **Einwohner:** 125.500
- **Bevölkerungsdichte:** 810 Einwohner/km²
- **Fläche:** 170 km², davon 15 km² Wasserfläche
- **Höhe ü. M.:** 3 m
- **Stadtbezirke:** 24 Stadtviertel, u. a. Binnenstad (Innenstadt)

Geschichte

Im frühen Mittelalter bestand die Stadt aus einer Ansiedlung von Bauernhäusern auf drei Warften am Rande eines Meeresarms. Erst als Leeuwarden zur Hauptstadt Frieslands ernannt wurde und die **friesischen Statthalter** dort ihre Residenz bezogen, begann es zu wachsen. Hatte Leeuwarden im Jahr 1500 noch 5000 Einwohner, so waren es um 1650 ganze 16.000. Der Ort entwickelte sich zu einer vornehmen Hof- und Handelsstadt. Das „Goldene Zeitalter" hielt in Leeuwarden Einzug und Leeuwarden zählte zu den reichsten Regionen der Sieben Vereinigten Niederlande.

Doch dort, wo das Geld residiert, sind auch Neider zu finden. Die Statt-

Die Stadtgracht Nieuwestadt ist heute gesäumt von Lokalen

halter sahen sich gezwungen, die Stadt vor Feinden zu schützen. Der **Schutzgraben Singel** und eine Stadtmauer wurden errichtet. Leeuwarden verdankte seine Vormachtstellung hauptsächlich der Funktion als Handels- und Versorgungszentrum für das ländlich geprägte Hinterland. Doch als die Preise für Getreide stiegen, sank der Wohlstand der Stadt. Hinzu kam die Rinderpest in den Jahren 1714/1715, die 60.000 Tiere dahinraffte und eine weitere Epidemie 30 Jahre später, die gar 110.000 Tieren das Leben kostete. Dennoch konnte sich Leeuwarden trotz dieser Katastrophen weiterhin recht gut über Wasser halten, waren doch die Provinzbeamten und die friesischen Statthalter mit ihren regelmäßigen Einkünften in der Stadt ansässig.

300 v. Chr.: Dort, wo Leeuwarden heute steht, gibt es eine Landschaft aus Erdhügeln, die an die Middelzee (einen Meeresarm) grenzt.

500 n. Chr.: Auf den drei Warften Oldehove, Nijehove und Hoek siedeln sich mehrere Bauernhöfe an, die miteinander in regem Austausch stehen.

Um 900: Durch den Bau der ersten St.-Vitus-Kirche entwickelt sich die Warft Oldehove zu einem religiösen Zentrum.

Um 1000: Die Warften Nijehove und Hoek wachsen zu einem Handelsplatz für Fleisch, Wolle und Gemüse zusammen. Es gibt einen Hafen, die Handelsbeziehungen reichen bis nach Russland.

Um 1300: Die Middelzee verebbt und Leeuwarden liegt nicht mehr am Wasser. Eine Stadtmauer und Wassergräben werden errichtet.

1435: Oldehove, Nijehove und Hoek werden zusammengelegt und erhalten die Stadtrechte.

1498: Herzog Albrecht von Sachsen beendet einen langanhaltenden Bürgerkrieg.

1504: Leeuwarden wird Hauptstadt von Friesland, es gibt eine Zentralverwaltung, einen Gerichtshof und eine Stadtmauer.

1529: Bau des Turms Oldehove 17

1580: Die Reformation kommt nach Leeuwarden; katholische Pfarrer und Mönche werden aus der Stadt vertrieben.

Einblick in das Leben der früheren Torfstecher gibt das Fries Museum 26

047gr

Friesisch – kein Dialekt, sondern eine eigene Sprache!

Friesisch ist als eigene Sprache anerkannt. Wer heute ins Rathaus geht, um einen Pass abzuholen, kann sich mit den Gemeindebeamten auf Friesisch unterhalten. Zwar ist auch Niederländisch Amtssprache und die meisten Leeuwarder sprechen es auch, doch je weiter man aufs Land hinausfährt und je familiärer die Umgebung wird, desto mehr rückt das Friesische in den Vordergrund. In vielen Familien wird zu Hause Friesisch gesprochen; in der Schule wird es (zwar in geringem Umfang) noch gelehrt. Die lokale Variante des Friesischen, die in der Stadt Leeuwarden gesprochen wird, nennt sich „Liwwadders". Ein paar Worte Friesisch:

- Oant moarn = Bis morgen!
- Tsjoch = Prost!
- Goeie moarn = Guten Morgen
- Goeie midje = Guten Mittag!
- Goeie jûn = Guten Abend!
- Lekker ite = Guten Appetit!
- Frysk = Friesisch
- Kofje = Kaffee
- Tsiis = Käse

1603: Leeuwarden ist aufgrund seiner günstigen Lage *das* Handelszentrum von Friesland. Es gibt viele Märkte in der Stadt und Künstler und Buchdrucker lassen sich hier nieder.

1795: Aufstand der Patriotten, die sich gegen die Vormachtstellung der Oranier wenden und auch den Grabkeller der Grote Kerk 22 plündern.

1828: Die Stadtmauer wird abgerissen, was eine territoriale Ausbreitung von Leeuwarden ermöglicht.

1915: Wohnungsbaugesellschaften errichten die ersten Arbeitersiedlungen *(volksbuurten).*

1944: Während der deutschen Besatzung werden 400 Juden aus Leeuwarden in Konzentrationslager gebracht.

1997: Die bisher letzte Elfstedentocht (s. S. 71) wird ausgetragen.

2018: Leeuwarden ist Kulturhauptstadt Europas.

2025: Das 100-tägige Kulturfestival Arcadia, ein Erbe des Kulturhauptstadtjahrs, findet wieder statt.

Leben in Leeuwarden

Beschauliche Idylle

Im sog. „Goldenen Zeitalter" war Leeuwarden eine bedeutende Stadt: Handelszentrum, Garnisonsstadt und Sitz der Statthalter. Dann versank es in eine Art Dornröschenschlaf. Seit Gründung der Hogeschool, der Hochschule, kam ein frischer Wind nach Leeuwarden; eine Vielzahl internationaler Studenten an zwei Hochschulen und diversen universitären Einrichtungen bereichert heute das Kultur- und Nachtleben. Dennoch ist die Stadt auch **idyllisch und ruhig** geblieben. Schulkinder spielen vor der Grote Kerk 22, Studenten liegen im Prinsentuin in der Sonne, die Polizisten stehen vor der Polizeiwache mit einem Kaffee in der Hand und blicken auf „ihren" schiefen Turm Oldehove 17. Die Zeit scheint hier – auf eine sehr angenehme Weise – etwas langsamer zu gehen.

Nachwirkungen des Kulturhauptstadtjahrs 2018

Schon bei den Vorbereitungen auf das Jahr 2018, in dem die Stadt zusammen mit dem maltesischen Valletta den Titel **Kulturhauptstadt Eu-**

ropas trug, hatte sich so einiges getan: Junge Bäume wurden entlang der Grachten gepflanzt, neue Hotels und Restaurants öffneten ihre Türen. Leeuwarden rechnete mit 1 Mio. Besuchern, im Endeffekt waren es 5,4 Mio. An dem Kulturhauptstadt-Konzept „Mienskip" („Gemeinschaft") beteiligte sich die gesamte Provinz Friesland – in den Städten und auch am Wattenmeer fanden diverse Veranstaltungen statt.

Was ist vom Erfolg des Kulturhauptstadtjahrs geblieben? Beispiele sind die **elf Brunnen**, die noch immer die involvierten friesischen Städte zieren (s. S. 113), sowie das alle drei Jahre stattfindende, 100 Tage dauernde **Kulturfestival Arcadia** (s. S. 8). Aber vor allem hat sich Leeuwarden neu erfunden. Das etwas Provinzielle, Verschlafene gehört weitgehend der Vergangenheit an. Die Stadt lockt heute mit angesagten Restaurants, Cafés und Conceptstores und hat auch in kultureller Hinsicht ihre Ambitionen angehoben.

Stolzer, vertrauenswürdiger Menschenschlag

Zwar gelten die Friesen als etwas zurückgezogen, doch sie können anpacken und sind äußerst hilfsbereit. Außerdem sind die Leeuwardener stolz auf ihre Stadt und zeigen Besuchern gern, was sie zu bieten haben. So arbeiten unzählige ehrenamtliche Helfer in den Museen und im Turm Oldehove. Den niederländischen Friesen wird nachgesagt, ein ehrlicher, vertrauenswürdiger und würdevoller Menschenschlag zu sein. Witze würde man über den niederländischen Friesen nicht machen – es sei denn, man stammt aus Groningen und betrachtet die Friesen als Konkurrenten im Streit um die Vorherrschaft im Norden.

Kurs auf den schiefen Turm von Leeuwarden 17

Leeuwarden entdecken

Leeuwarden im Intensivdurchgang

Die wichtigsten Sehenswürdigkeiten lassen sich gut während des folgenden Spaziergangs erkunden, der einige Stunden in Anspruch nimmt – oder mehr, falls man noch eines oder mehrere Museen besuchen möchte. Wer länger in Leeuwarden bleibt, der sollte einen Ausflug zum Wattenmeer und zum Afsluitdijk 30 einplanen oder einen herrlichen Tag im wasserreichen Gebiet der Alde Feanen 31 verbringen.

Stadtspaziergang

Am besten starten Besucher den Spaziergang, der ungefähr einen halben Tag in Anspruch nimmt, dort, wo sich der Stolz der Leeuwarder über der Stadt erhebt: am schiefen Turm namens **Oldehove** 17. Wer mit dem Auto anreist, kann ganz bequem in der Garage unter dem Platz

Anthony Gasthuis: Altersruhesitz der Luxusklasse

Von der Grote Kerkstraat führt eine kleine Gasse namens Wijde Gasthuissteeg [II B2] zu einem prachtvollen, akkurat gepflegten Garten mit Blumenbeeten und einer großen Trauerweide. In ihrem Schatten stehen Bänke und ein romantisches Holzgartenhaus, der parkähnliche Garten ist gesäumt von villenartigen Häusern mit gelb-weißen Markisen. Dieses wunderschöne Ensemble gehört zum Anthony Gasthuis, das auf eine lange und reiche Geschichte zurückblicken kann: Im Mittelalter wurde es als Auffangbecken für bettelnde, alte und verwaiste Menschen ins Leben gerufen, finanziert von den Wohlhabenden der Stadt. So vermachte eine gewisse Jouke van Burmana aus Leeuwarden im Jahr 1425 dem Anthony Gasthuis ein Anwesen, das für „arme en ellendige" Menschen bestimmt war.

Weitere Schenkungen und Ankäufe folgten, sodass die Stiftung schon Ende des 15. Jahrhunderts den heutigen Umfang erreicht hatte, der viele Gebäude zwischen Grote Kerkstraat und Groeneweg umfasst – ein eigenes Dorf inmitten der Stadt. Der Name stammt im Übrigen von der ursprünglichen Funktion als Unterkunft für Reisende.

Im Lauf der Jahre bezogen hauptsächlich ältere Bürger das Anthony Gasthuis, einige von ihnen waren durchaus wohlhabend. Diese sog. „proveniers" bezahlten für die Aufnahme in das Gasthuis oder vermachten der Stiftung ihren Besitz, womit sie sich einen Altersruhesitz sichern konnten.

Im Jahr 1477 schenkte eine Benne Jacobs dem Antoniusstift ihr Haus, ihre Möbel, vier Pfund Roggen und Hafer, drei Kühe und noch ein paar Kleinigkeiten. Im Gegenzug wurde ihr versprochen, sie bis an ihr Lebensende zu versorgen und sie von der Arbeit zu befreien (die ärmeren Ruheständler mussten arbeiten oder bei der Krankenpflege helfen). So kam das Anthony Gasthuis in den Besitz vieler Stadthäuser und Ländereien außerhalb von Leeuwarden. Noch heute leben Rentner in dem Anwesen – und das mit viel Vergnügen und auch mit etwas Stolz. Besuchern zeigen sie gerne ihre grüne und gut gepflegte Oase mitten in der Stadt. Die Häuser des Anthony Gasthuis erkennt man übrigens an der goldenen Glocke.

•**94** [II B2] **Sint Anthony Gasthuis,** Grote Kerkstraat 39

Routenverlauf im Stadtplan
Der hier beschriebene Spaziergang ist mit einer farbigen Linie im Stadtplan eingezeichnet.

parken (s. S. 100), sich bei einem Aufstieg die Beine lockern (falls der Turm schon geöffnet ist) und sich von oben einen Überblick über die Stadt verschaffen.

Am Platz vor dem Oldehove befindet sich das Visitor Center (s. S. 110), in dem man sich mit Prospekten und Büchern zum Thema Leeuwarden eindecken oder sich zu einer Stadtführung anmelden kann. Dahinter liegt der Prinsentuin, ein kleiner Park mit dem sehenswerten **Pier-Pander-Tempel** 19. Für einen Kaffee eignet sich das Café De Koperen Tuin (s. S. 83) im Park.

Auf dem großen Platz vor dem **Oldehove**, auf den man nun zurückgeht, stand früher eine Kirche, deren Umrisse noch durch Steinmarkierungen im Fußboden erkennbar sind. Linker Hand fällt ein großes Wandgemälde auf: Es zeigt Maria Louise von Hessen-Kassel (s. S. 84), von der viele Fürsten Europas abstammen, u. a. der niederländische König Willem-Alexander.

Geht man hier links um die Ecke und dann wieder links, stößt man auf das Keramiekmuseum Princessehof 20, dessen Besuch sich nicht nur für Keramikfans lohnt. In diesem Palast lebte Maria Louise, ihr original erhaltenes Esszimmer ist noch zu sehen.

Weiter geht es durch die Grote Kerkstraat etwas „bergauf" Richtung Jacobijnerkerk. Man beachte die stattlichen Häuser, in denen früher Adelige lebten und welche die Abbildung einer Glocke in ihrer Fassade tragen: Sie gehören zum Anthony Gasthuis (s. S. 76).

In der Grote Kerkstraat sollte man auf die Häuserecken an den kreuzenden Straßen achten: Sie sind abgerundet, damit die Kutschen hier leichter um die Ecke biegen konnten.

Wer Lust auf ein Museum hat oder mit Kindern unterwegs ist, kann das Natuurmuseum 21 besuchen (den Pijl-

104gr-ug

Kleine, aber feine Geschäfte in der Sint Jacobsstraat [II C2]

Grüne und genussvolle Oasen der Ruhe

Sollte es mal vorkommen, dass in Leeuwarden viel los ist und man sich nach ein bisschen Ruhe sehnt, dann kann man hier vorbeischauen:

› **Lesesaal im Tresoar** (neben Oldehove 17): kostenlos zugänglich, und himmlische Ruhe in dem Lesesaal, in dem nur wenige Menschen in Büchern oder Zeitschriften stöbern.
› Die Zeitung lesen und dabei einen frisch gebrühten Kaffee aus hausgebrannten Bohnen (es duftet herrlich!) genießen – das ist am langen Lesetisch oder auf den bequemen Sofas und Sesseln im **Café Post Plaza** möglich (s. S. 106).
› Lieber ein Plätzchen in der Sonne? Dann ein paar friesische Spezialitäten in der Kleine Kerkstraat [II B2] kaufen, den Platz vor dem Oldehove 17 überqueren und sich im herrlichen **Prinsentuin** 19 ein Fleckchen im Grünen suchen – mit Blick auf die in der Stadtgracht ankernden Jachten. Am Sonntag gibt es – mit etwas Glück – sogar ein Gratiskonzert.
› Im **Park Vijversburg** treffen Natur und Kultur aufeinander: Landschaftsarchitekten und Künstler haben hier einen besonderen Ort der Entspannung und Inspiration geschaffen – mit einer großen, kelchförmigen Skulptur auf einem Hügel, einem gläsernen Pavillon, einer Orangerie voller Kakteen, einem Teehaus und einem Wasserlabyrinth für Kinder.

•**95 Vijversburg,** Swarteweisein 2, Tytsjerk, geöffnet: tägl. 8–18 Uhr, Eintritt: 2,50 €

105gr-ug

Mit dem Boot in die Stadt – und im Prinsentuin 19 anlegen

steeg durchqueren), das zu den kinderfreundlichsten und spannendsten Museen der Niederlande gehört. Staunen über Tiere, das Meer und die Wunder der Natur – das ist hier auf vielfältige, interaktive Weise möglich.

Weiter geht es auf der Grote Kerkstraat zur Grote oder auch Jacobijnerkerk 22. Beide Namen sind richtig und der offizielle Kirchenname beinhaltet beide Komponenten. Die Grote Kerk ist die größte der mittelalterlichen Kirchen der Stadt; in ihr sind die Mitglieder der Adelsfamilie Oranien-Nassau begraben. Rund um die Kirche gibt es einiges zu sehen: die jüdische Schule, das Monument zum Gedenken an die jüdischen Mitbürger und das hofje (Wohnhäuser um einen Innenhof) namens Boshuisen Gasthuis. Wer selber kleine Kinder oder Enkelkinder hat, kann sich in dem hübschen Laden Pjut (s. S. 103) am Bredeplaats mit Kinderkleidung eindecken.

Zurück führt der Weg über die Grote Kerkstraat und dann links weiter über die Kleine Hoogstraat hinunter zum Eewal und zum Hofplein, der einen zum **Stadhuis (Rathaus)** und zum Stadhouderlijke Hof bringt, in dem früher die Statthalter (s. S. 72) residierten und heute ein Hotel untergebracht ist. Falls die Türe zum Stadhuis offen steht: Wer einen Blick in den Eingangsbereich wirft, sieht – an der Decke abgebildet – die bedeutendsten Söhne und Töchter der Stadt wie Mata Hari (s. S. 92) und M.C. Escher. Der Eewal ist auch ideal für eine Mittagspause. Hier liegen mehrere gute Restaurants mit Terrassen an einem Platz, der bis 1884 noch von einer Gracht durchzogen wurde.

Nach dem Mittagessen ist es Zeit für etwas Süßes. Zuckerstangen und Süßholz gibt es in einem ganz besonders schönen Ambiente im **Grutterswinkel** 23, einem typischen Tante-Emma-Laden aus dem letzten Jahrhundert.

Gut gestärkt geht es weiter zur **Grachtentour.** An der Gracht Nieuwestad stehen die **Prahmfähren** *(Praamvaren),* die einen über die Kanäle der Altstadt mitnehmen. Karten gibt es in der Kleine Kerkstraat (s. S. 117).

Nach der Bootstour, während der in der Ferne der schlanke Kirchturm der St. Bonifatiuskirche 24 zu sehen ist, kann man sich einen **Einkaufsbummel** gönnen: An der Nieuwestad liegen viele Geschäfte und die hier abzweigende Kleine Kerkstraat gehört gar zu den schönsten Einkaufsstraßen der Niederlande. Interessant ist der Oude Lombardsteeg, eine schmale Gasse zwischen den Geschäften, über den sich ein Walskelett-Kunstwerk erstreckt (s. S. 112). Gegenüber der Walgasse steht das Waaghaus 25, in dem früher die Ware, die man auf den Märkten verkaufte, gewogen wurde. Heute lockt die Waag mit einem kühlen Bier (s. S. 107).

Zum Abschluss des Stadtspaziergangs wartet ein echtes Museums-Highlight: Das **Fries Museum** 26 macht immer wieder mit spektakulären Ausstellungen, z. B. über Rembrandt, Escher, Mondrian, Mata Hari oder Alma-Tadema von sich reden. Hinter dem Fries Museum gibt es noch mehr Museales, allerdings in schwimmender Form: Im **Museumhaven** 27 schwimmen fast zwanzig historische Schiffe, die größtenteils noch fahrtauglich sind.

Zeit fürs Abendessen! Das Restaurant Proeverlof im früheren Gefängnis der Stadt, dem **Blokhuispoort** 28, lädt zum Essen auf der Terrasse am Wasser ein.

⌃ *Krumm und schief und dennoch heißgeliebt: De Oldehove*

Erlebenswertes im Zentrum

17 Turm De Oldehove ★★★ [II A2]

„Wenn ich den Oldehove nicht sehen kann, dann hab ich Heimweh," so lautet eine Redensart. Der Turm von Leeuwarden ist schief und unvollendet – und gerade deshalb schließt man ihn sofort ins Herz.

Ursprünglich sollte der als Kirchturm gedachte Oldehove 100 Meter hoch werden. Natürlich etwas größer als der Kirchturm der Stadt Groningen 9, das wünschten sich die Leeuwarder. Doch Hochmut kommt bekanntlich vor dem Fall: Der deutschstämmige Baumeister Jacob van Aken (Aachen) hatte einen eklatanten Fehler gemacht, denn er hatte die Beschaffenheit des friesischen Bodens nicht in seine Berechnungen mit einbezogen. Leeuwarden bestand früher aus drei Warften an der Middelzee. Eine dieser Warften war Oldehove. Als man im 16. Jahrhundert den Turm erbaute, wusste man nicht, dass das **Kirchenfundament auf den Rand der früheren Warft** gesetzt wurde. So war nur ein Teil des Untergrundes massiv, der andere Teil bestand aus einem lehmigen Untergrund. Der Oldehove senkte sich an der früheren Uferböschung in nordwestliche Richtung ab. Obwohl die Misere schon ab einer Bauhöhe von zehn Metern deutlich wurde, setzte man den Bau unter Zuhilfenahme von Stützbalken fort. So ist der Turm nicht nur schief, sondern auch in sich krumm auf 40 Meter herangewachsen. Ganze 1,50 Meter hängt er aus dem Lot.

Nach dreijähriger Bauzeit verstarb van Aaken. Cornelis Frederiks übernahm den Job des Baumeisters, allerdings nur für ein Jahr. Dann gab er auf – und die Leeuwarder blieben auf ihrem Sorgenkind sitzen. Ironischerweise nennt man den Turm heute „den Stolz von Leeuwarden", obwohl er doch eher eine peinliche Angelegenheit war. Aber so ist es nun mal mit den unvollkommenen Dingen im Leben, die durch Ecken und Kanten besonders viel Charakter zeigen: Man schließt sie umso mehr ins Herz.

Auch dem **Kirchengebäude** war kein glückliches Schicksal beschieden. Im Jahr 1566 fegte erst der Bildersturm der Protestanten über die katholische Kirche hinweg und zehn Jahre später ein echter Sturm, der das Gebäude zum Einsturz brachte. Die Protestanten sahen darin sofort einen Fingerzeig Gottes. Tatsächlich wurde nur drei Jahre später der Bischof von Leeuwarden, Cunerus Petri, aus Friesland vertrieben.

Zur **Turmbesteigung:** Die erste Etappe gestaltet sich einfach – sie erfolgt über einen gläsernen Aufzug, der bis zum ersten Stock führt. In ihm zeigt ein Film einen Gerichtsprozess, in dem der Schuldige für den schiefen Turm gesucht wird (auf Niederländisch). Weiter geht der Aufstieg über eine steinerne, drehwurmverdächtige Wendeltreppe. Oben angekommen, kann man vom platten Dach des Oldehoves in alle vier Himmelsrichtungen schauen und sich auf die gläserne Aussichtsplattform wagen, die einen senkrechten Blick nach unten ermöglicht. Wieder unten angekommen, sollte man einen Blick auf die Treppe neben dem Kassenbereich im Erdgeschoss werfen: Die Gewölbesteine weisen eigentümliche Einkerbungen auf. Sie stammen von den Steinmetzen, die – vor allem in Deutschland – mit der Herstellung der Steine beauftragt waren und die pro Stein bezahlt wurden. Noch ein anderes auffallendes Detail bietet der Eingangsbereich: Am Schrank

KURZ & KNAPP

Hoch hinaus ist manchmal tief unten

Leeuwarden hat kein Glück mit seinen Türmen: Erst wurde der Oldehove zum schiefen Turm von Leeuwarden, dann legte am 3. Januar 1976 ein Orkan den Turm der Nieuwe Kerk um, und im Jahr 2013 fegte ein Sturm die Spitze der Sint-Bonifatiuskerk (24) hinfort. 2015 musste das 114 Meter hohe Achmea-Bürogebäude dran glauben: Aufgrund starken Windes fielen mehrere Platten von der Fassadenverkleidung hinunter.

Die erste Europäerin in Japan

Im Jahr 1817 trauten die Einwohner der japanischen Insel Dejima ihren Augen nicht: Vor ihnen stand eine große Frau mit blonden, gewellten Haaren in seltsamer Kleidung. Und sie hatte keine mandelförmigen Augen! Es war Titia Bergsma aus Leeuwarden, die ihrem Mann zusammen mit ihrem kleinen Sohn Johannes und ihrem Kindermädchen nach Japan folgte, der dort eine Handelsvertretung beaufsichtigte. Ihre Ankunft war insofern ungewöhnlich, da europäische Frauen in Japan unerwünscht waren. Dennoch nahm die mutige Friesin die ein Jahr dauernde Schiffsreise auf sich – und wurde zur Sensation. Rund vier Millionen japanische Vasen und Teller wurden mit ihrem Antlitz verziert: eine große Frau in friesischer Tracht, eine rote Korallenkette um den Hals und einen Sonnenschirm in der Hand. Sie war – bis auf einige von Formosa (Taiwan) nach Japan geflüchtete Frauen aus Zeeland – die erste europäische Frau in Japan. Obwohl sie die Künstler derart inspirierte, zeigte der japanische Kaiser keine Gnade. Bergsma musste Japan und ihren Mann nach wenigen Wochen verlassen. Nach Holland zurückgekehrt, starb sie wenig später in Den Haag, angeblich an gebrochenem Herzen. Ihren Mann sah sie nie wieder. Er kehrte 1823 als reicher Mann in die Niederlande zurück.

052gr

hinter der Kasse wird deutlich, wie unglaublich schief der Oldehove ist!

Vor dem Turm – auf dem heute leeren Platz – sind in den Boden eingelassene Platten zu sehen. Sie zeigen Motive aus der Geschichte Leeuwardens, beispielsweise Eintrittskarten oder ein Flugzeugticket der Linie Amsterdam-Leeuwarden. Diese Bodenplatten geben die Umrisse wider, die die früheren Kirchbauten auf dem Platz einnahmen.

› Oldehoofsterkerkhof, www.oldehove.eu, geöffnet: Apr.–Okt. tägl. 13–17 Uhr, Eintritt: Erw. 3,50 €, Jugendliche 2,50 €, Kinder bis 12 Jahre 1,50 €

18 Historisch Centrum ★ [II B2]

Das Historisch Centrum Leeuwarden (HCL) ist so etwas wie das Gedächtnis der Stadt. Es beherbergt eine Ausstellung zur Stadtgeschichte, Bücher über Leeuwarden und ein frei zugängliches Stadtarchiv mit Lesesaal.

053gr-ug

Die Dauerausstellung „Verhalen van Leeuwarden“ umfasst zwar nur einen Ausstellungsraum, ist aber äußerst interessant: Anhand von Filmen, Zeitleisten, Karten und Fotos wird die **Geschichte der Stadt** sehr anschaulich und teilweise interaktiv erläutert – von den ersten Siedlern bis zur Gegenwart. In den weiteren Räumen sind Wechselausstellungen zu sehen, die alle mit der Stadt zu tun haben. Der ideale Ort, um in aller Ruhe in einem Buch oder in einer Zeitung zu schmökern, ist der **Lesesaal** (mit freiem WLAN).

Vor dem Centrum steht die **Muur van Verbinding** („Mauer der Verbundenheit“). Das Projekt des Künstlers Hein de Graaf ist ein 23 Meter langes **Lichtkunstwerk** mit 16.800 DNA-Proben-Behältern, die komprimierte „Geschichten“ von Einwohnern der Stadt enthalten.

› Groeneweg 1, https://historischcentrumleeuwarden.nl, geöffnet: Di.–Fr. 11–17, Sa., So. 13–17 Uhr, Eintritt frei

19 Prinsentuin (Prinzengarten) und Pier-Pander-Tempel ★★ [II B1]

Der kleine Stadtpark war früher der Lustgarten der friesischen Statthalter (s. S. 72) und liegt auf einer Anhöhe nahe dem Turm Oldehove 17. Sehenswert ist der Pier-Pander-Tempel mit seinen fünf lebensgroßen Skulpturen aus Carrara-Marmor.

In den Niederlanden kennt man den Begriff des Statthalters. Zu Beginn vertraten sie in den Provinzen den jeweiligen Herrscher („anstatt

◁ *Ein Tempel für fünf lebensgroße Marmorfiguren im Prinsentuin*

des Herrschers"), das war seit 1515 die spanische Linie der Habsburger. Nach der Loslösung von Spanien wurden die Statthalter von den jeweiligen Provinzen ernannt.

Einer der Statthalter war **Prinz Wilhelm Friedrich von Nassau-Dietz**, der im 17. Jahrhundert auch über Friesland, Groningen und Drenthe regierte. Ihm wurde 1648 gestattet, auf den mittelalterlichen Verteidigungsanlagen ein Sommerhaus und einen Garten anlegen zu lassen. 150 Jahre war der Prinsentuin nur der Adelsfamilie zugänglich. Ab 1795 durften sich jedoch auch die Leeuwarder im Prinsentuin aufhalten – und das tun sie noch immer gerne. Im Sommer treffen sich Studenten auf den Wiesen, junge Familien genießen im Café am Weiher (**De Koperen Tuin**) einen Kaffee in der Sonne und Musikfreunde erfreuen sich an den **Prinsentuinkonzerten**, die im schönen Musikpavillon gegeben werden und kostenlos zugänglich sind. Wann sie stattfinden, wird auf der Website www.prinsentuinconcerten.nl bekanntgegeben.

Auf einer Anhöhe des Prinsentuin steht der Tempel des **Pier Pander.** 1864 kam er als Sohn eines armen friesischen Schiffsmannes zur Welt. Schon früh fiel er durch seine fantasievollen Holzschnitzereien auf, was ihm zu einem Stipendium an der Universität Amsterdam verhalf. Als er 1885 den Prix de Rome für Bildhauerkunst gewann, wurde er von einer schweren Krankheit heimgesucht und benötigte lange Jahre, um wieder auf die Beine zu kommen. Danach entwickelte er sich in Rom zu einem gefeierten Künstler.

In den Niederlanden war er vor allem als Designer eines Porträts von Königin Wilhelmina bekannt, das eine Medaille zierte. Seinem Heimatland schenkte er die Skulpturen in dem kleinen **Tempel** im Prinsentuin. An den fünf lebensgroßen Figuren aus Carrara-Marmor arbeitete er acht Jahre, im Jahr 1904 waren sie fertig. Ausgeführt wurden sie vom italienischen Bildhauer Ernesto Gazzeri. Ursprünglich sollten sie im Amsterdamer Vondelpark stehen, doch seinem Freund Baron van Welderen Rengers ist es zu verdanken, dass sie nach dem Tod Pier Panders 1919 im Prinsentuin von Leeuwarden landeten, wo sie einen eigenen Tempel erhielten. Die fünf Skulpturen zeigen die Lebensphasen des Menschen: *Alba* (Morgen), *Gedachte* (Gedanken), *Ge-*

KURZ & KNAPP

Radelnd den Widerstand unterstützen

Die Skulptur „Fietsend Meisje" (Radelndes Mädchen, am Eingang des Prinsentuins) von Tineke Bot aus dem Jahr 1981 dient dem Gedenken an die Frauen, die den Widerstand während des Zweiten Weltkrieges gegen die Deutschen unterstützten. Sie überbrachten Nachrichten, versorgten untergetauchte Mitmenschen mit Vorräten und brachten abgeschossene Piloten der Alliierten in Sicherheit.

101gr-ug

voel (Gefühl), *Moed* (Mut) und *Kracht* (Kraft). Früher war der ganze Tempel zugänglich, doch weil er des Öfteren beschädigt wurde, kann man den Tempel und die Figuren leider nur noch hinter einer Glaswand sehen.

Zum Pier-Pander-Tempel gehört auch ein kleines **Museum** im früheren Teehaus des Prinsentuins. Es wurde 1954 eröffnet und war damals das erste Museum der Niederlande, das einem Künstler gewidmet war (inzwischen gibt es auch das Van Gogh-Museum u.a.). In ihm sind Werke von Pier Pander zu sehen, die er der Stadt Leeuwarden vermachte.

› Prinsentuin 1B, https://historischcentrumleeuwarden.nl/pier-pander, geöffnet: Juni–Sept. Sa., So. 13–17 Uhr, Eintritt: 2 €

20 Keramiekmuseum Princessehof ★★★ [II B2]

Der Princessehof, ansässig im früheren Palast der Prinzessin Maria Louise von Hessen-Kassel, ist das Keramikmuseum der Niederlande schlechthin. Nirgendwo sonst im Land werden so wertvolle und einzigartige Stücke aus aller Welt gezeigt.

Keramik aus vielen Jahrhunderten und aus **Asien, Europa und Friesland** werden im Princessehof auf drei Ebenen präsentiert. Auch wertvolle, traditionelle Fliesen sind zu sehen, man denke dabei an die blau-weißen Kacheln aus den früheren Wohnzimmern der reichen Niederländer oder an die bunt gemusterten Fliesen in den Moscheen der Türkei und des Nahen Ostens. Eine Augenweide!

Das Museum hat sage und schreibe 35.000 Objekte in seinem Besitz, darunter eine große und facettenreiche **chinesische Porzellansammlung**, zu der auch das kaiserliche Porzellan gehört.

KURZ & KNAPP

Muoike Meu: die liebe Tante

Maria Louise von Hessen-Kassel war bei der Bevölkerung sehr beliebt, vor allem bei den Kindern. Wenn sie in ihrer Kutsche oder Trage in Leeuwarden unterwegs war, hatte sie immer ein paar Bonbons dabei, die sie an die Kinder verteilte. Sie bekam daher den friesischen Spitznamen Muoike Meu („liebe Tante“).

Moderne Keramikkunst wird ebenfalls gezeigt, erwähnenswert ist hier eine Skulptur von Karel Appel. Besonders spannend und überraschend sind die Werke zeitgenössischer Künstler, die im Dachgeschoss gezeigt werden. Diese Ausstellungen wechseln regelmäßig, zum Zuge kommen bekannte Künstler und Designer wie Anne Wenzel, Marcel Wanders, Piet Hein Eek, Kranen/Gille und Wieki Somers.

Das Keramikmuseum hat im **Stadtpalast von Maria Louise von Hessen-Kassel** ein Obdach gefunden, der Prinzessin von Oranien-Nassau und Vorfahrin des heutigen Königs Willem-Alexander. Sie wohnte hier von 1731 bis 1765, nachdem ihr Mann, der Statthalter Johan Wilhelm Friso, bei einem Sturm auf See ums Leben kam. Beide hatten einen kleinen Sohn, mit einem zweiten Kind war sie gerade schwanger. Da ihr Sohn die Amtsgeschäfte noch nicht übernehmen konnte, sprang sie für ihn ein.

In dem Palast aus dem 18. Jahrhundert ist noch ein original erhaltenes Zimmer der Prinzessin zu besichtigen. Es ist das frühere Esszimmer mit Blick auf den Lustgarten. Der Tisch ist – natürlich – mit feinstem Porzellan eingedeckt, an den Wänden befinden sich Behänge aus Leder mit Blattgold und die marmornen Türportale und Kaminsimse sind ... unecht. Wer genau hinsieht, kann entdecken, dass das marmorierte Muster aufgemalt ist. Grund war wohl nicht der Mangel an Geld, sondern eher die Tatsache, dass Holz wesentlich leichter ist als Marmor (man bedenke den weichen Untergrund der Gegend, den man nicht unterschätzen sollte, wie der Turm Oldehove 17 zeigt).

In einem Teilbereich des Palastes wurde 1898 der spätere Künstler und Grafiker **M.C. Escher** geboren, dessen Vater Wasserbauingenieur in Leeuwarden war.

Empfehlenswert ist auch ein Abstecher in den **Museumsshop** (s. S. 103) und in den **Theesalon,** für den der Tee-Sommelier Robert Schinkel besondere Tee-Kreationen zusammengestellt hat. Im Sommer kann man draußen im Garten der Prinzessin sitzen.

› Grote Kerkstraat 9, www.princessehof.nl, geöffnet: Di.–So. 11–17 Uhr, Eintritt: Erw. 15 €, Kinder bis 17 Jahre frei

21 Natuurmuseum Fryslân ★★ [II C2]

Staunen, tasten, hören, mitmachen – das Natuurmuseum ist ein überraschendes, spannendes und interaktives Museum, das zu Recht zum „besten kidsproof Museum Frieslands" ernannt wurde.

Ob man nun noch klein ist und die Welt entdecken möchte oder ob man schon ein paar Jahre auf dem Buckel hat – das Natuurmuseum überrascht auch alte Museumshasen, zum Beispiel in einem komplett abgedunkelten Raum, in dem verschiedene Tierfelle und -häute ertastet werden können. Oder wenn man den **Präparatoren** bei der Arbeit zusieht, die scheinbar aus nur ein paar Federn wieder einen Kuckuck zusammensetzen. Ohne ihre Arbeit wäre das Museum nur halb so spannend, denn ihre Werke sind überall zu sehen: Da wäre der meterlange Pottwal, der auf Ameland angespült wurde und dessen Skelett im ersten Stock von der Decke baumelt. Oder die drei Seehunde in der Vitrine, der Löwe, die vielen Vögel, die Katze auf dem Sofa, der Affe neben dem alten Kapitän und, und, und. Apropos alter Kapitän: Der erzählt in seinem Schaukelstuhl von seinen Abenteuern auf See und von fernen Ländern, aus denen er viele „Schätze" mitbrachte. Die ausge-

054gr-ug

Das Natuurmuseum ist in einem ehemaligen Waisenhaus untergebracht – ein altes Klassenzimmer ist erhalten geblieben

stopften und in Formalin konservierten Tiere sind in „seinem“ Kabinett in antiken Vitrinen zu sehen.

In der Ausstellung **Verwonderland** gibt es einiges über die Natur und unseren Körper zu entdecken: Kiefer von allerlei Tieren, verschiedene Albinos aus der Tierwelt und immer wieder wechselnde Themenbereiche der Biologie – allesamt so präsentiert, dass auch Erwachsene noch viel entdecken können. Im Dachgeschoss des Museums wird **Darwins Evolutionstheorie** vorgestellt. Wie in einer Zeitmaschine betritt man sein Arbeitszimmer und wird mit seinen Fragestellungen konfrontiert.

Während der **OnderWaterSafari** begeben sich Besucher auf die Suche nach den „Big Five“ der niederländischen Unterwasserwelt: Otter, Biber, Wels, Seehund und Schweinswal (der wie ein Delfin aussieht). In einem Wagen sitzend, werden die „Safariteilnehmer“ von den Süß- zu den Salzwassergebieten des Wattenmeers gefahren, wobei sie an vielen spannenden Pflanzen- und Tierwelten vorbeikommen (es fallen zusätzliche Kosten an).

Neben den naturhistorischen Themenbereichen gibt es im Museum noch etwas ganz anderes zu entdecken: ein Schulzimmer aus dem letzten Jahrhundert – mit Schreibpulten und Lesetafel. Es war das **Klassenzimmer des früheren Waisenhauses**, in dessen Gebäude das Museum heute untergebracht ist.

Nette Geste: Im **Museumcafé It Nêst** kann man eine Pause einlegen und sich gratis Kaffee und Tee holen. Zum Natuurmuseum gehört auch ein schöner **Museumsshop** mit Stofftieren, Hüpfbällen, Büchern und vielen weiteren Souvenirs und Spielsachen rund um Tiere und Pflanzen.

› Schoenmakersperk 2, www.natuurmuseumfryslan.nl, geöffnet: Di.–So. 10–17 Uhr, Eintritt: Erw. 13 €, Kinder 4–15 Jahre 6,50 €

22 Rund um die Grote Kerk (Jacobijnerkerk) ★★★ [II C2]

Wie ein Dorf in der Stadt: Im Schatten der großen Kirche spielen die Kinder der benachbarten Schule auf dem Rasen, zwei ältere Damen treffen sich zum Plausch vor dem Kirchentor und ein fröhlich pfeifender Radfahrer hoppelt über das Kopfsteinpflaster. Hier scheint die Zeit stillzustehen.

Die älteste Kirche von Leeuwarden wurde zwischen 1300 und 1500 errichtet. Viele gotische Elemente sind erkennbar, beispielsweise die Spitzbogenfenster an der Ostseite der Kirche. In den Anfangsjahren gehörte die Grote Kerk noch zu einem im Jahr 1245 gegründeten **Dominikanerkloster**, deren Brüder man auch Jakobiner nannte. Überreste der Klosterbauten und eines Kreuzgangs sind noch zu sehen, wenn man die Cafeteria bzw. den Tagungsraum neben der Kirche betritt.

Beim großen Stadtbrand im Jahr 1392 ging auch das **Kirchendach** in Flammen auf; der Bau eines neuen Dachs und die Errichtung von Seitenflügeln erfolgte in den nächsten Jahrhunderten. Seit 1580 ist die ehemals katholische Kirche in Händen der Protestanten, was auch zu Veränderungen im Kircheninneren führte: Die **Kanzel** zur Verkündigung von Gottes Wort wurde zum wichtigsten Kirchenelement. Ihr gegenüber befindet sich die hölzerne Empore der Statthalter (s. S. 72) – fast auf Augenhöhe mit der Kanzel, was den Status der hohen Herren widerspiegelt. Im Chorbereich befindet sich das **Grab**

von **Anna von Oranien** aus dem Jahr 1591. Ihr Mann, Willem Lodewijk (Wilhelm Ludwig) von Nassau, ließ es zu ihren Ehren errichten. Für ihn selbst wurde nach seinem Tod ein **Grabmonument** an der Wand errichtet, das ihn kniend zwischen zwei Frauenfiguren zeigt, welche Standhaftigkeit und Vorsicht symbolisieren. Während des Aufstands im Jahr 1795 (s. S. 74) wurden sowohl das Monument als auch das Grab der Oranier verwüstet. Heute weist nur noch eine Zeichnung an der Wand auf das Monument hin.

Im **Grabkeller** der Grote Kerk liegen die sterblichen Überreste der Nassaus, der Vorgänger des heutigen niederländischen Königs Willem-Alexander, unter ihnen Maria Louise von Hessen-Kassel. Wer genau dort liegt, ist heute nicht mehr nachzuvollziehen, denn im Jahr 1795 gab es – nach französischem Vorbild – einen Volksaufstand in Leeuwarden. Wütende Bürger, „Patriotten" genannt, drangen in den Keller der Oranier ein, schändeten die Gräber und sollen gar mit den Schädeln Fußball gespielt haben. Daher liegen heutzutage alle Knochen und Schädel durcheinander gewürfelt in einem einzigen Sarg.

Die große **Orgel** mit 38 Registern stammt von dem berühmten Orgelbauer Christiaan Muller und wurde in den Jahren 1724–1727 angefertigt. Sie soll zu den wohlklingendsten Barockorgeln der Niederlande zählen.

Gegenüber der Grote Kerk steht die **Jüdische Schule**, in der ab 1941 die jüdischen Kinder Leeuwardens unterrichtet wurden (andere Schulen durften sie nicht besuchen). In den darauffolgenden Jahren leerten sich die Schulbänke zusehends, und ab März 1943 gab es in Leeuwarden keine jüdischen Schulkinder mehr. Von den im Jahr 1941 noch 665 Mitgliedern der jüdischen Gemeinde in Leeuwarden kehrten nach dem Zweiten Weltkrieg nur noch 55 in die friesische Stadt zurück. Über 400 von ihnen kamen in Konzentrationslagern wie Auschwitz und Sobibor um. „Het kind is er niet meer" („Kein Kind ist mehr

Grote Kerk mit königlichem Grabkeller

KURZ & KNAPP

Kirchgang unter dem Orangenbaum

An der Westseite der Kirche ist ein kleines Eingangstor zu sehen, das früher den Oraniern als Zugangspforte diente, erkennbar am metallenen Orangenbäumchen über der Türe und dem königlichen Wappen. Von hier aus hatten die Adeligen einen besseren Zugang zum Grabkeller und zu ihren Sitzbänken. Nach dem Tod von Maria Louise im Jahr 1747 und der Übersiedlung der Oranier nach Den Haag wurde die Pforte ein paar Jahre lang nicht mehr genutzt, schließlich gab es in Leeuwarden keine Mitglieder des Königshauses mehr. Doch ein paar Jahre nach dem Tod von Maria Louise kamen ein paar Damen aus den besseren Kreisen Leeuwardens auf die glorreiche Idee, die Oranierpforte für sich selbst zu nutzen. Ihre Begründung: Vor dem Gottesdienst sei immer ein solch hohes Kutschenaufkommen vor der Kirche, dass bei so vielen Menschen und Pferden zwangsläufig gefährliche Situationen entstünden. Wäre es da nicht besser, den Damen einen sicheren Zugang über die Oranierpforte zu gewähren? Der Magistrat stimmte zu.

da") steht in Hebräisch auf einem der Gedenksteine vor der Schule. Dieser Stein gehört zusammen mit der **„Klagemauer“** voller Textfragmente (darunter die Abwesenheitsliste der Schule) sowie der Steinsäule in Form einer Mesusa (Schriftbehälter am Türpfosten jüdischer Häuser) mit Davidstern zu einem Monument, das im Auftrag der Gemeinde von Kees van Renssen entworfen wurde. Auf der Rückseite der Säulen stehen die Namen derjenigen Straßen, die hauptsächlich von Juden bewohnt waren.

Ebenfalls am grünen Platz vor der Grote bzw. Jacobijnerkerk (Jacobijnerkerkhof 7) liegt etwas versteckt hinter einem Toreingang das **Boshuisen Gasthuis.** Es wurde von Anna van Eijsinga gestiftet, um armen älteren Damen Obdach zu gewähren. Solche *„hofjes“* finden sich in vielen niederländischen Städten, in Leeuwarden waren es über zehn. Im Boshuisen Gasthuis gab es 20 kleine Wohneinheiten, in denen Damen über 60, die sich sittsam zu verhalten hatten, ihren Lebensabend verbrachten. Sie durften hier kostenlos wohnen, bekamen etwas „Taschengeld“ und im Winter etwas Torf zum Heizen. Noch immer wohnen in dem idyllischen *hofje* alleinstehende Frauen über 45 Jahre, allerdings wurden aus den kleinen Wohneinheiten acht große Wohnungen gemacht. Man kann einen Blick in den Hof des Boshuisen Gasthuis werfen, allerdings sollte man die Privatsphäre der Bewohnerinnen respektieren. Dieses Gasthuis ist das einzige noch bestehende *hofje* in Leeuwarden. Und noch immer sitzen die Nachfahren der Anna van Eijsinga im Vorstand des Gasthuis.

› Bredeplaats 4, http://grotekerkleeuwarden.nl, Öffnungszeiten der Kirche: Mitte Sept.-Mai Sa. 13-16 Uhr, Juni-Mitte Sept. Di.-Fr. 13-16, Sa. 11-16 Uhr

23 Museum De Grutterswinkel ★★ [II B2]

In diesem nostalgischen Tante-Emma-Laden taucht man in die eigene Kindheit ein, als man nach der Schule für ein paar Pfennige Bonbons kaufen konnte.

Lust auf Süßholz oder eine Lutschstange? Das gibt es hier, ganz altmodisch in Papier eingewickelt. Überhaupt ist in dem kleinen Laden nur wenig zu finden, was an die heutige

Leeuwardens historische Grachten

In den Kanälen Leeuwardens schlug das Herz der Stadt: Sie dienten den Händlern der Umgebung als Zufahrtswege zum Markt. Heute laden traditionelle Prahmfähren zu einer Grachtenrundfahrt ein.

Die sternförmig angelegte Verteidigungsgracht namens Singel führt um die Innenstadt herum. Heute liegen hier hauptsächlich Freizeitboote vor Anker. Durch das Zentrum ziehen sich weitere Grachten, die als Versorgungswege fungierten: Voorstreek, Nieuwestad, Tuinen etc. Die Namen der benachbarten Straßen deuten noch darauf hin, was hier alles an Land kam bzw. gehandelt wurde: Groentemarkt (Gemüse), Peperstraat (Pfeffer), Wortelhaven (Karotten), Tweebaksmarkt (Zwieback) etc. Die über die Grachten führenden Brücken sind im Übrigen keine echten **Brücken,** dafür sind sie zu breit. Sie heißen pijpen („Pfeifen") und auf ihnen waren früher kleine Marktplätze angesiedelt. Praktisch, denn die Versorgung der Marktstände konnte somit direkt über die anliegenden Schiffe erfolgen. Von den Grachten zweigen Straßen ab, deren Namen die Richtung verraten: So führt die Overijsselselaan zur Herrschaft (heute Provinz) Overijssel und die Harlingerstraat nach Harlingen. In den alten **Grachtenkellern,** in denen früher u. a. Bierfässer gelagert wurden, befinden sich heute Restaurants mit kleinen Terrassen am Wasser.

Interessant ist die Gracht namens **Nieuwestad,** die im Mittelalter den Übergang der Altstadt zur Middelzee bildete. Auf der Nordseite der Gracht endete die Stadt, auf der Südseite begann die Küste. Als später der Küstenabschnitt trockengelegt wurde, hat man dort die „neue Stadt" angelegt. Übrigens fanden es die Grachten-Anwohner der Altstadtseite gar nicht schick, dass ihre Adresse auf einen alten Stadtteil hindeutete. Daraufhin durften sie auch ihre Grachtseite „Nieuwestad" (Neustadt) nennen.

An der Gracht **Voorstreek** [C2–D1] (Hausnummer 58) steht die Zentralapotheke (Centraal Apotheek), ein um 1905 errichtetes, gelbes Jugendstilgebäude mit einer Abbildung der Hygieia an der Fassade, der griechischen Göttin der Gesundheit.

Besonders schön sind die Grachten mit einem Rundfahrtboot (s. S. 117) zu entdecken (das sog. Praamvaren).

⊻ *Typisch für die Niederlande: weiße Holzzugbrücken*

058gr-ug

Zeit erinnert. Selbst die Bedienung hat noch eine weiße Schürze um. Im früheren **Wohnzimmer** der Familie (das noch genauso wie anno dazumal aussieht) gibt es Kaffee oder Tee und dazu Oranjekoek oder Dúmkes (s. S. 102). Im Obergeschoss sieht man, wie die Einwohner früher wohnten: Sie schliefen im Alkoven, hatten ein einfaches, *húske* genanntes Plumpsklo (die Tonne wurde von einem Tonnenträger die steile Treppe hinabgetragen) und einen Raum zum Sitzen, denn die gute Stube im Erdgeschoss wurde nur am Sonntag und zu bestimmten Anlässen genutzt.

Teile des Gebäudes sind bis zu 400 Jahre alt, doch seitdem die Familie Feenstra hier 1901 einen **Kolonialwarenladen** eröffnete, blieb alles erhalten. Bis 1973 leiteten die Töchter der Familie den Krämerladen.

› Nieuwesteeg 5, https://grutterswinkel-leeuwarden.nl, geöffnet: Di.–Sa. 10–17 Uhr, Eintritt frei. Für die Themenausstellung im Obergeschoss werden 2,50 € Eintritt verlangt.

Süßes wie zu Omas Zeiten gibt's im Grutterswinkel 23

24 Sint-Bonifatiuskerk (St. Bonifatiuskirche) ★ [II D1]

Die römisch-katholische Kirche im Stil der Neogotik ist eines der Meisterwerke des berühmten niederländischen Architekten P. J. H. Cuypers, der auch das Rijksmuseum und den Hauptbahnhof in Amsterdam schuf.

Errichtet wurde das Gotteshaus zwischen 1882 und 1884 (in nur zwei Jahren!), da Leeuwarden hoffte, der Bischof von Groningen-Leeuwarden würde sich in der friesischen Hauptstadt niederlassen. Doch daraus wurde nichts, er zog Groningen vor. Das neben der Kirche errichte-

KURZ & KNAPP

Flugzeugcrash am Kirchturm

Am 29. Dezember 1947 flog eine Douglas-Maschine mit zehn Passagieren und fünf Mann Besatzung von Schiphol nach Leeuwarden. Über der Stadt herrschte an jenem Tag äußerst schlechte Sicht. Bei der Landung übersah der Pilot den Kirchturm der St. Bonifatiuskirche und blieb mit dem Flügel daran hängen. Von diesem brach ein drei Meter langes Stück ab; das Flugzeug konnte dennoch sicher landen.

te Bischofshaus diente daraufhin als Krankenhaus.

Das Kircheninnere der dreischiffigen Kreuzbasilika beeindruckt mit Backstein-Spitzbögen, einer bunten Glasrosette im Chor, Bleiglasfenstern, Wandmalereien und zwei Orgeln, eine davon stammt vom französischen Orgelbauer Aristide Cavaillé-Coll.

› Bonifatiusplein 20, geöffnet: Mi., Sa. 14–16 Uhr

25 De Waag (Waaghaus) ★★ [II C3]

Jede Marktstadt hatte ein Waaghaus, das das Zentrum des Stadtgeschehens bildete, so auch Leeuwarden. Das schöne Gebäude beherbergte früher die Waagen, mit denen die Waren vor dem Handeln gewogen wurden.

Es wurde um 1590 im Renaissance-Stil neben der Gracht Nieuwestad errichtet. An Markttagen kamen die Boote der Händler von außerhalb durch ein über dem Kanal errichtetes Stadttor (das nachts geschlossen wurde) in die Innenstadt, um dort ihre Waren zu verkaufen: Getreide, Fleisch, Gemüse und Milchprodukte. Doch bevor die Produkte angeboten wurden, mussten die Händler in der Waag das Gewicht offiziell festlegen lassen. So konnten Schummeleien ausgeschlossen werden.

In Leeuwarden wurde hauptsächlich mit Milchprodukten und vor allem mit Butter gehandelt, weshalb das Waaggebäude auch als **Boterwaag** (Butterwaage) bekannt war. Zwischen 1830 und 1860 sollen über 1657 Tonnen Butter, 226 Tonnen Käse und nur 24 Tonnen an anderen Gütern wie Fleisch und Gemüse auf der Stadtwaage gelandet sein. Bis 1880 war die Waag in Gebrauch, später wurden die Produkte am Beursplein gewogen. Das alte Waag-Gebäude hat eine neue Funktion gefunden: Zwischen historischen Mauern und auf der Terrasse werden heute im Restaurant Stadswaag Kaffee und Bier ausgeschenkt (s. S. 107).

› Nieuwestad 148

059gr-ug

Noch herrscht Ruhe: das Waaghaus am frühen Morgen

26 Fries Museum ★★★ [II B3]

Ein unerwartetes Vermächtnis machte diesen Bau am Wilhelminaplein möglich. Das moderne Gebäude lockt mit Ausstellungen zur Geschichte Frieslands und mit Wechselausstellungen moderner Kunst oder zu friesischen Themen.

Das Fries Museum besteht seit 190 Jahren und hatte bereits in mehreren historischen Gebäuden seinen Sitz, darunter in der Kanselarij (s. S. 106). Als der friesische Architekt **Abe Bonnema** (er erbaute u. a. den Achmea-Toren, s. S. 70) verstarb, hinterließ er 18 Millionen

Spionin aus Friesland: Mata Hari

Im Jahr 1876 wurde in Leeuwarden ein Mädchen geboren, das später weltberühmt werden sollte: Margaretha Geertruida Zelle. Als Tochter eines wohlhabenden Hutmachers verbrachte sie eine unbeschwerte und wohl auch etwas verwöhnte Kindheit. Welches sechsjährige Mädchen hatte schon das Glück, mit einer von Ziegen gezogenen Kinderkutsche durch die Straßen Leeuwardens zu fahren? Wie eine kleine Prinzessin sah Margaretha aus.

Als sie 15 Jahre alt war, meldete der Vater Insolvenz an, die Ehe der Eltern scheiterte und der Vater verließ die Familie. Kurz darauf starb ihre Mutter, und Margaretha ging nach Leiden, wo sie eine Ausbildung zur Kindergärtnerin absolvieren sollte. Doch diese Aufgabe lag ihr nicht im Geringsten und sie brach die Ausbildung ab. Durch eine Zeitungsannonce lernte sie den 20 Jahre älteren Offizier Rudolph MacLeod kennen, mit dem sie nach Indonesien ging. Das Paar bekam zwei Kinder, ein Mädchen und einen Jungen. In den fünf Jahren, in denen Margaretha auf Java und Sumatra lebte, lernte sie viel über die Sitten und Bräuche ihres Gastlandes; doch vor allem die exotischen Tänze der Einheimischen hatten es ihr angetan.

061gr

Aber ihr Glück in Indonesien war nicht von langer Dauer. 1899 starb ihr Sohn Norman John an den Folgen einer Vergiftung, auch ihre Ehe mit dem Offizier zerbrach. Margaretha verließ Mann und Tochter und reiste nach Paris. Dort versuchte sie ein Engagement an einem Theater zu bekommen, doch wegen ihres fehlenden Talents scheiterte ihr Vorhaben. Ohne Job besann sie sich der faszinierenden Tänze Indonesiens. Als sie bei einem Auftritt als Tempeltänzerin die Hüllen fallen ließ, kam ihre Karriere in Gang. Fortan nannte sie sich Mata Hari – und wurde zu einer der bekanntesten Frauen Europas. Sogar in der Mailänder Scala trat sie auf. Als der Erste Weltkrieg ausbrach, kam sie in Kontakt mit dem deutschen Geheimdienst, für den sie fortan arbeitete. Da sie über gute und umfangreiche Kontakte zur Männerwelt verfügte, fiel es ihr nicht schwer, über das Bettgeflüster an entsprechende Informationen zu gelangen. Auch der französische Geheimdienst interessierte sich nun für sie, weshalb sie in den Ruf einer Doppelspionin geriet. Im Jahr 1917 wurde sie im Bois de Vincennes von den Franzosen hingerichtet. Welche Folgen die Spionagetätigkeit Mata Haris für den Verlauf des Krieges hatte, wurde nie ganz geklärt.

Das Geburtshaus der Mata Hari steht in der Leeuwardener Innenstadt an der Straße De Kelders 33 auf dem Korfmakerspijp [II C2]. Eine Skulptur von Suze Boschma-Berkhout erinnert an die berühmte Tochter der Stadt, die jedoch nicht von allen Leeuwarder geliebt wird, denn wer will schon mit einer Doppelspionin in Verbindung gebracht werden?

Euro für den Neubau eines friesischen Museums. Im Jahr 2013 wurde das moderne Gebäude mit der überstehenden Dachkonstruktion und der großen Glasfassade eingeweiht.

Das Museum macht seitdem immer wieder mit spektakulären Ausstellungen auf sich aufmerksam, beispielsweise zu **Lawrence Alma-Tadema**, einem der berühmtesten aus Friesland stammenden Maler des 19. Jahrhunderts, Mata Hari, Leeuwardens bekanntester Tochter (s. S. 92) oder zu M. C. Escher.

Neben Wechselausstellungen laden auch diverse dauerhaft gezeigte Themenausstellungen aus der friesischen Geschichte zu einem Museumsbesuch ein. Dazu gehören die Entstehungsgeschichte der **Warften** sowie viele Exponate aus Friesland, die diverse Fragestellungen beleuchten: Wie sieht eine typisch friesische Frauentracht aus? Warum sind die Friesen die weltbesten Schlittschuhläufer? Was ist ein Memento Mori? Gab es in Friesland tatsächlich die Blutrache?

Sehr schön ist auch das **Hindelooper Zimmer** (Hindelooper Kamer), das speziell für eine Ausstellung im Jahr 1877 zusammengestellt wurde. Dazu wurden Einrichtungsgegenstände und Wohnaccessoires gesammelt, die typisch für die Häuser (der wohlhabenden Seefahrer) in der friesischen Stadt Hindeloopen waren: chinesisches Porzellan, bemalte Tische und Stühle, ein Alkoven, Wandfliesen in Delfter Blau und indische Stoffe. Dieses Zimmer wurde derart beliebt, dass es 1887 bei der Weltausstellung in Paris und später in vielen deutschen Städten als niederländisches Vorzeigezimmer ausgestellt wurde.

Ein Teilbereich des Fries Museums ist das **Fries Verzetsmuseum** („friesisches Widerstandsmuseum"). Es verdeutlicht, wie die niederländischen Friesen die Kriegsjahre 1940–1945 erlebten und wie viele von ihnen im Widerstand tätig waren.

Auf dem Platz vor dem Fries Museum befinden sich in den Boden eingelassene **Wasserfontänen**, die im

⌃ *Das Hindelooper Zimmer hat es zu Weltruhm gebracht*

MEIN TIPP

Kleine Pause

Das dem Fries Museum zugehörige, auch separat erreichbare Café Thús, in dem der Blick bei Apfelkuchen und Kaffee auf den Wilhelminaplein fällt, ist ideal für eine Verschnaufpause. Neben Kuchen werden auch kleine, lokale Gerichte mit saisonalen und regionalen Zutaten serviert.

› **Café Thús** im Fries Museum 26, https://cafe-thus.nl, geöffnet: Di.–So. 10–18 Uhr

Sommer vor allem Kindern viel Spaß bereiten (Wer kann hindurchrennen, ohne nass zu werden?). Gegenüber dem Museum steht das stattliche **Gerichtsgebäude** (Gerechtshof) im klassizistischen Stil mit korinthischen Säulen. Über dem Eingang hängt das niederländische Wappen mit dem Motto „Je maintiendrai" (Ich werde bewahren).

› Wilhelminaplein 92, www.friesmuseum.nl, Eintritt: 15 €, Kinder 4–17 Jahre 6,50 €, Kombiticket mit Museumshaus Van Eysinga (s. S. 111) möglich. Geöffnet: Di.–So. 11–17 Uhr, Tickets am besten über die Website bestellen (auch in Deutsch: www.friesmuseum.nl/de/besucherinformation).

27 Museumhaven Leeuwarden ★★ [II B3]

An der Gracht namens Willemskade reiht sich ein historisches Schiff an das andere; einige von ihnen werden bewohnt, andere sind im Sommer als „Braune Flotte" auf der Nordsee unterwegs. In einem der Schiffe gibt es sogar ein Bed & Breakfast.

Rund 20 Traditionsschiffe sind am Kai der Willemskade hinter dem Fries Museum 26 vertäut. Am besten kann man sie im Winter bestaunen, denn im Sommer sind viele von ihnen auf dem Meer oder auf den Seen unterwegs. Man nennt diese traditionellen Boote auch „Braune Flotte", denn ihre braunen Segel wurden gegerbt, um Feuchtigkeit und Schimmel abzuhalten.

Die Auswahl an Schiffen im Museumshafen ist vielfältig: Die **Johanna Laetitia** ist eine Tjalk aus dem Jahr 1905, die noch seetauglich ist und als Hausboot genutzt wird. Ebenfalls ein Hausboot ist die **Vrouwe Jacoba,** die 1881 erbaut wurde. Im Jahr 1924 sank sie während eines Sturms und wurde wieder geborgen.

Heute ist sie wieder hergerichtet und liegt stolz im Museumshafen vor Anker.

Leba III ist ein 18 Meter langer Motorschlepper aus dem Jahr 1938. Während des Zweiten Weltkrieges wurde die Leba nach Deutschland gebracht und später von Remmelt Visscher in Hamburg aufgespürt. Er brachte das Schiff nach Friesland, renovierte es und übergab es seinem Enkel, der lange Zeit mit seiner Familie auf dem Boot wohnte. Und so gibt es noch einige weitere Perlen der friesischen Schifffahrt an der Willemskade zu entdecken. Über jedes Schiff informiert eine Tafel – in niederländischer Sprache – über dessen Geschichte.

Neben dem Museumshafen steht der 114 m hohe **Achmea-Toren**, ein Turm, der 2002 für die niederländische Versicherungsgesellschaft Achmea errichtet wurde. Die Aussichtsplattform ist leider schon seit langem nicht mehr begehbar. Eines der Schiffe zu Füßen des großen Turms ist ein **Pannekoekschip** (Pfannkuchenschiff, s. S. 106).

› Willemskade, www.museumhavenleeuwarden.nl, Zugang gratis

28 Blokhuispoort ★ [II C3]

Der Blokhuispoort ist ein historischer Gebäudekomplex, der als Gefängnis diente. Heute beherbergt er eine Bibliothek, Lokale und ein Hostel. In den früheren Zellen schläft man – nun freiwillig – hinter vergitterten Fenstern und schweren Eisentüren.

Das monumentale Gebäude wurde auf dem Gelände des früheren Zuchthauses der Stadt errichtet, das 1499 gebaut wurde und aus einer Ansammlung von Häusern am Stadtrand bestand, die von Grachten umgeben waren (sodass man nicht leicht fliehen konnte). Im Laufe des 17. Jh. wurde das Zuchthaus immer wieder erweitert, brannte jedoch im November 1754 fast vollständig ab. Wieder aufgebaut, schien der neue Knast jedoch nicht sicher genug: 1868 gelang elf Häftlingen die Flucht. Der Bau, der in den Jahren 1870–1877 folgte, war größer, stattlicher und auch sicherer, verfügte über einen Innenhof und diverse Gebäudekomplexe. Fast 700 Männer, die zu Haftstrafen zwischen fünf Jahren und lebenslang verurteilt worden waren, saßen in den 180 Zellen ein. Seit 2007 dient der Blokhuispoort nicht mehr als Gefängnis, sondern als Hostel (s. S. 120), als Sitz kreativer Kleinunternehmer (die ihre Waren in den Zellen und im überdachten Innenhof verkaufen), als Obdach für zwei Restaurants (Bajes Streetfood Club und Proefverlof, s. S. 105 bzw. S. 108) sowie für eine Bibliothek namens dbieb, die 2019 die Auszeichnung „schönste Bibliothek der Niederlande" erhielt.

› Blokhuisplein 40, www.blokhuispoort.frl, Sa. 14 u. 16 Uhr sowie So. 11 Uhr finden Führungen mit einem früheren Gefängniswärter statt (je nach Sprachkenntnissen des Wärters auch auf Deutsch oder Englisch), Kosten: 10 € p. P.

Entdeckungen außerhalb des Zentrums

Rund um Leeuwarden trifft man auf die typisch friesische Landschaft: weites Land, Pferdekoppeln voller stolzer Friesen, vereinzelte Bauernhöfe und **kleine Dörfer**, von denen Mantgum, Hillard und Itens mit dem ansehnlichen Kirchturm, verziert mit einer weißen Holzbordüre, besonders schön sind.

Auch Jorwert sticht heraus: Der bekannte niederländische Schriftsteller und Historiker Geert Mak schrieb ein Buch über das Dorf („Wie Gott verschwand aus Jorwert", s. S. 110), in dem er selbst eine Zeit lang wohnte, und der Fotograf Louis Meulstee veröffentlichte unter dem Titel „Dorpsgezichten" einen wunderschönen Bildband mit Schwarz-Weiß-Porträts der Dorfbewohner, immer in Kombination mit einem für sie typischen Gegenstand (oder Tier).

Man stößt auf dem Lande auf die **typisch friesischen Bauernhäuser**, die aufgrund ihrer Form auch „kop-hals-rompboerderij" („Kopf-Hals-Rumpfbauernhaus") genannt werden. In der großen Scheune mit Stall (Rumpf) war früher das Vieh untergebracht, dann folgte eine Art schmaleres und kleineres Zwischenhaus (Hals), in dem sich die Bauern für die Stallarbeit umzogen und in dem sich die Alkoven für die Stallknechte befanden. Vorne, zur Wegseite hin, stand das Wohnhaus (Kopf) mit einer zentralen Eingangstür und großen Fenstern. Das Wohnhaus war in die täglich genutzten Wohnräume und in ein sog. *opkamer* aufgeteilt, was man mit unserer „guten Stube" vergleichen kann. In diesem Zimmer wurden der Arzt, Pfarrer oder Notar empfangen.

In vielen Dörfern bildet eine Kirche das Zentrum. Manche der **Dorfkirchen** sind klein und romantisch, andere wiederum beeindruckend groß wie die Sint-Nicolaaskerk in Oostrum oder die gotische Martinikerk in Bolsward. Eine Kuriosität hält die Dorfkirche in Wieuwerd bereit: In ihrem Grabkeller liegen vier Leichen, die auf natürliche Weise mumifiziert sind. Auch ein kleines, romantisches **Schloss** ist in der Umgebung von Leeuwarden zu finden. In Marsum liegt das etwas verwunschen wirkende Poptaslot (Popta-Schloss) mit einem kleinen Park, das in den Sommermonaten auch von innen besichtigt werden kann. Im folgenden werden einige besonders interessante Ausflugsziele beschrieben.

29 Planetarium Franeker ★★★

Unser ganzes Sonnensystem in einem einzigen Schlafzimmer! Der Friese Eise Eisinga errichtete im 18. Jh. an seiner Zimmerdecke ein Planetarium – mit wandernden Planeten. Es ist das älteste funktionierende Planetarium der Welt und zählt seit 2023 zum UNESCO-Weltkulturerbe.

Franeker ist ein zauberhaftes und ruhiges historisches Städtchen, in dem nicht viel los zu sein scheint. Dennoch pilgern jährlich viele Tausend Besucher nach Franeker. Sie haben ein Ziel: das sensationelle Planetarium von Eise Eisinga, das er an der Decke seines Wohn-/Schlafzimmers in einem schönen Grachtenhaus errichtete. Eise Eisinga war eigentlich Wollkämmer, allerdings mit einer großen Leidenschaft für Mathematik. Er besuchte neben seiner Arbeit auch Mathematikstunden an der Universität Franeker. Als am 8. Mai 1774 unter einigen Astronomen die Panik ausbrach, weil mehrere Planeten in einer Bahn stehen sollten und sie dadurch angeblich zusammenstoßen könnten, blieb Eise Eisinga ganz ruhig: Er wusste, dass dieses Szenario nicht eintreffen würde. Um auch seine Landsleute davon zu überzeugen, errichtete er in seinem Zimmer ein Planetarium. Seine Frau war nicht sehr begeistert und räumte ihm einen Zeitraum von sieben Jahren ein. Danach müsse Schluss sein mit diesem ungewöhnlichen Hobby. Eigenhändig stellte er 10.000 Nägel her und

062gr-ug

baute im Dachgeschoss über dem Schlafzimmer riesengroße Zahnräder, die von einer Pendeluhr angetrieben wurden und somit ein Räderwerk steuern konnten. Dieses Räderwerk wiederum bewegte die Planeten um die Sonne, die in Eisingas Schlafzimmer hing. Das Erstaunliche: Alle Planeten bewegen sich im gleichen Tempo wie in der Realität, Merkur braucht auch im Schlafzimmer 88 Tage und Saturn über 29 Jahre für eine Sonnenumkreisung. Und all das funktioniert heute noch genauso präzise wie 1781, als Eise Eisinga (nach genau sieben Jahren!) sein Planetarium vollendete.

Die Besucher des Grachtenhauses können heute das Schlafzimmer-Planetarium sowie das Räderwerk im Dachgeschoss bestaunen. Außerdem gibt es einen Film über Eise Eisinga (auch auf Deutsch) und astronomische Gerätschaften zu sehen.

› Eise Eisingastraat 3, Franeker, www.planetarium-friesland.nl/de, Eintritt: Erw. 6 €, Kinder 4–13 Jahre 5 €, geöffnet: Di.–Sa. 10–17, So. 11–17 Uhr (April–Oktober auch Mo. geöffnet)

30 Afsluitdijk (Abschlussdeich) ★★

Mit dem Auto geht es kilometerweit über einen Deich, der in jahrelanger Schufterei von Menschenhand geschaffen wurde. An der einen Seite liegt das Wattenmeer, an der anderen das IJsselmeer.

Pläne für den 32 Kilometer langen *Afsluitdijk* gab es schon im 17. Jahrhundert, als man die Notwendigkeit erkannte, einen Deich zum Schutz gegen das Meer zu bauen. Doch erst nach einem schweren Sturm im Jahr 1916, bei dem 16 Menschen ums Leben kamen, wurden die Pläne konkret. Die Arbeiten für dieses **Mammutprojekt** begannen gleichzeitig auf nordholländischer und auf friesischer Seite. Gebaut wurde von 1927 bis 1933: 23 Mio. Kubikmeter Sand, 13 Mio. Kubikmeter Lehm, 1,5 Mio. Kubikmeter Naturstein, 16 Mio. Ziegelsteine und 18 Mio. Weidenbündel wurden für den Deichbau verwendet.

Besonders kompliziert wurde die Sache, als sich die Bautrupps von beiden Seiten der Mitte näherten. Weil sich das Meer aufgrund der Gezeiten quasi durch ein Nadelöhr zwängen musste, erhöhte sich die Strömung – und damit die Gefahr eines Deichbruches. Hinzu kamen **Pfahlwürmer**, die sich an den Weidenbündeln sattfraßen. Allen Widrigkeiten zum Trotz wurde am 28. Mai 1932 die Lücke abgedichtet und das Meer „abgeschlossen" (daher auch der Name Abschlussdeich).

Die frühere Meeresbucht namens Zuiderzee wurde zum **IJsselmeer** und zu einem Süßwassersee, der heute unter anderem der Trinkwasserversorgung dient und ein beliebtes Segelrevier ist. Zudem wurde im IJsselmeer mit der Errichtung des Noordoostpolders und der niederländischen Provinz Flevoland neues Land gewonnen. Am besten lässt sich der Afsluitdijk, der noch bis 2025 renoviert werden soll, vom Aussichtsturm in der Mitte betrachten.

› Abschlussdeich, A7 vom nordholländischen Den Oever zum friesischen Zurich

31 Nationalpark De Alde Feanen ★★

Wer diese zauberhafte Seen- und Moorlandschaft heute zu Gesicht bekommt, kann sich kaum vorstellen,

Ein Bett unterm Sternenhimmel: Planetarium Franeker 29

dass all das von Menschenhand geschaffen wurde. Nicht, um ein Freizeitgebiet für Ruhe suchende Städter in die Landschaft zu modellieren, sondern aus purem Überlebenswillen: De Alde Feanen sind alte Moore, in denen bereits ab dem 12. Jahrhundert Torf zum Heizen abgegraben wurde.

Bis 1900 wurde hier Torf gewonnen – und so entstanden lange und breite Gräben, die heute mit Wasser geflutet sind. Tief ist das Wasser nicht, an vielen Stellen kann man stehen. Dass dennoch Schiffe über die Kanäle und Wasserflächen fahren können, liegt an ihrer besonderen Bauart: Es sind **Skûtjses.** Diese bis zu 20 Meter langen Plattbodenschiffe mit zwei seitlichen Schwertern haben nur wenig Tiefgang, weshalb sie weit in die Wassergräben hineinfahren können. Auf ihnen wurde früher der abgetragene Torf, aber auch Erde, Kartoffeln, Mist und andere Güter transportiert. Heute dienen die rund 1000 historischen *skûtjses* als Freizeit-, Regatta- und Wohnboote. Jedes Jahr im August treten die *skûtjses* während des sog. Skûtsjesilen gegeneinander an.

063gr-ug

Dieser für Friesland typischen Schiffsform wurde in **Eernewoude** (friesisch Earnewâld) sogar ein eigenes Museum gewidmet, das Skûtsjemuseum. Hier findet man neben Informationen und Abbildungen auch eine alte Schmiede, Schiffsmodelle und Zubehör. Besonders schön und interessant ist es, sich selbst einmal in eine Kajüte zu setzen. Kaum zu glauben, dass auf so kleinem Raum früher eine ganze Familie lebte! Eine besondere Rarität ist die Æbelina, ein komplett aus Eichenholz errichtetes *skûtjse,* ein Nachbau der im Jahr 1861 errichteten Ebelina. Wer gerne mitsegeln möchte, der hat dazu einmal pro Woche die Möglichkeit. Fahrten werden vom Skûtsjemuseum organisiert.

- **96 Skûtsjemuseum,** De Stripe 12, Earnewâld, Tel. 06 16933805, www.skutsjemuseum.nl, geöffnet: Mai–Sept. Sa., So. 13–17, Juli/Aug. Di.–So. 13–17 Uhr, Eintritt: Erw. 4,50 €, Kinder bis 12 Jahre 1 €

Nahe dem Skûtsjemuseum verleiht der **Bootverhuur Eernewoude** Segel-, Motor- und Hausboote, mit denen man die Alde Feanen vom Wasser aus erkunden kann. In den Niederlanden braucht man dafür keinen Bootsführerschein. Es lohnt sich, denn in dem 2300 Hektar großen Gebiet sind 450 Pflanzensorten und 100 verschiedene Vogelarten, die sich zum Brüten hier niederlassen, zu entdecken.

- **97 Bootverhuur (Bootsverleih) Eernewoude,** De Stripe 22, Earnewâld, Tel. 0511 539215, www.aldefeanen.com

Tausende von Uferschnepfen treffen im Frühjahr in den Alde Feanen 31 *ein*

⊡ *Tradition und Moderne im Leeuwardener Bahnhof*

Praktische Reisetipps Leeuwarden

An- und Weiterreise

Mit dem Auto

Leeuwarden ist aus südlicher Richtung über die Autobahn A32 erreichbar (von Zwolle kommend) oder aus östlicher Richtung über die E22 und dann die Landstraße N31 (von Groningen aus).

Mit dem Zug

Etwas über zwei Stunden benötigt man für die Strecke Amsterdam-Leeuwarden mit dem Zug. Vier Stunden sind es von Düsseldorf aus, mit einem Umstieg in Utrecht. Zwischen Leeuwarden und Groningen besteht – mehrmals pro Stunde – eine direkte Bahnverbindung. Wenn man den *sneltrein* nimmt, ist man etwas über eine halbe Stunde unterwegs, mit dem *stoptrein* dauert die Fahrt rund eine Dreiviertelstunde. Der *stoptrein* heißt deshalb so, weil er „an jedem Gartenzaun" stoppt.

Mit dem Flugzeug

Der nächstgelegene niederländische Flughafen ist Amsterdam Schiphol. Von dort fährt jede Stunde ein Intercity-Zug (ohne Umstieg) nach Leeuwarden. Die Fahrtzeit beträgt rund 2 Stunden. Amsterdam wird von Deutschland aus von vielen Fluggesellschaften angeflogen, darunter auch von günstigen Anbietern wie Transavia oder Easyjet.

Mit dem Boot

Der kleine Hafen am Singel, einen Steinwurf vom schiefen Turm Oldehove 17 und dem Zentrum entfernt, gilt als schönster Binnenhafen der Niederlande. Vom Boot aus fällt der Blick auf den idyllischen Park Prinsentuin 19. Gästen stehen 40 Anlegeplätze zur Verfügung. Der Hafen ist über die **Staande Mastroute** (Route mit stehendem Mast durch die Niederlande) erreichbar. Es gibt Stromanschlüsse, Duschen und Toiletten.

•98 **Haven Prinsentuin Leeuwarden,** GPS 53.19869, 5.82823, Tel. 058 2336190, www.leeuwarden.nl/haven-prinsentuin-leeuwarden, Tarife: 1,82 € pro Meter Schiffslänge und Tag

Autofahren

Leeuwarden hat ein historisches Zentrum mit vielen schmalen Straßen und vereinzelten Grachten, was ein Durchkommen mit dem Auto nicht leicht macht. Hinzu kommt, dass der Stadtkern eine Fußgängerzone ist. Eine **Ringstraße** führt weit um die historische Altstadt herum. Ein **Parkleitsystem** („P-Route") führt Besucher zu den öffentlichen Garagen.

Man lässt also das Auto am besten in einer dieser **Parkgaragen** stehen, die sich nahe der wichtigsten Sehenswürdigkeiten befinden. So wurde beispielsweise unter dem Platz vor dem „schiefen Turm" De Oldehove 17 eine große Tiefgarage gebaut (s. rechts).

Auch am Straßenrand gibt es Parkplätze mit Bezahlautomat *(betaald parkeren)*. Die meisten Niederländer haben inzwischen eine App auf ihrem Smartphone, über die sie die Bezahlung regeln (z. B. Yellowbrick). Es gibt aber auch noch Parkautomaten, an denen man sich eine Karte ziehen kann. Die Parkdauer beträgt maximal zwei Stunden, es gelten Tarife bis 3 €/Stunde. Bitte beachten: Bezahlt wird in der Regel nicht mehr mit Bargeld.

Tiefgaragen

P99 [II D1] **Parkeergarage Hoeksterend,** Hoeksterpad 3, Einfahrtshöhe max. 2,10 m, geöffnet: Mo.–Sa. 7–22, So. 10–19 Uhr, an Feiertagen geschlossen, Kosten: max. 4 €/Tag. Am nördlichen Stadtrand.

P100 [II C4] **Parkeergarage Klanderij,** Posthoornsteeg 40, Einfahrtshöhe max. 2 m, geöffnet: Mo.–Sa. 7–19, an Sonn- und Feiertagen geschlossen, Kosten: max. 7 €/Tag. Nahe Blokhuispoort.

P101 [II A2] **Parkeergarage Oldehove,** Oldehoofsterkerkhof 3, Einfahrtshöhe max. 2,20 m, geöffnet: Mo.–Sa. 7–22, So. 10–18 Uhr, an Feiertagen geschlossen, Kosten: max. 10 €/Tag

P102 [II C3] **Parkeergarage Zaailand,** Zaailand 5, Einfahrtshöhe max. 2,10 m, geöffnet: tägl. 24 Std., auch an Sonn- und Feiertagen, Kosten: max. 10 €/Tag. Neben dem Fries Museum 26.

Park & Ride

Einer der Park-&-Ride-Plätze Leeuwardens (Wijnhornsterstraat) befindet sich hinter dem Bahnhof, ist also gar nicht so weit von der Altstadt entfernt (rund eine Viertelstunde zu Fuß). Hier kann man bequem das Auto stehenlassen und sich entscheiden, ob man spazieren oder mit dem Bus ins Zentrum fahren möchte. Die anderen beiden Plätze liegen etwas weiter vom Zentrum entfernt.

P103 **P+R Transferium Kalverdijkje,** Stadtring Ost, geöffnet: tägl. 24 Std., auch an Sonn- und Feiertagen, Kosten: gratis. Fahrt mit dem Bus Linie 3 nach Leeuwarden.

P104 [II B4] **P+R Wijnhornsterstraat,** Wijnhornsterstraat, über 250 Parkplätze, Einfahrtshöhe max. 2,10 m, geöffnet: tägl. 24 Std., auch an Sonn- und Feiertagen, Kosten: max. 6,41 €/Tag, Stundentarif 1,11 €

Parkplätze für Wohnmobile

› **Infos** unter www.visitleeuwarden.com/de/entdecken/blogs/camping-in-und-um-leeuwarden

Barrierefreies Reisen

Mensen met een beperking („Menschen mit einer Einschränkung") wird in den Niederlanden das Reisen bzw. der Städtebesuch so angenehm wie möglich gemacht. In der Regel sind daher **Gehsteige** an den Ampeln für Rollstuhlfahrer abgesenkt und für Blinde geben die Ampeln Signaltöne bei Grün ab.

Wer in einem Rollstuhl per **Zug** nach Leeuwarden reist, der wird den Bahnsteig beim Aussteigen auf gleicher Höhe wie die Zugtüre vorfinden. Auch die meisten **Busse** des Anbieters Arriva haben einen barrierefreien Zugang in Form eines niedrigen Bodens ohne Stufen. Für Reisende, die schlecht zu Fuß sind, gibt es separate Sitzplätze.

Das Natuurmuseum Leeuwarden 21, das Historisch Centrum 18, das Keramiekmuseum 20 und das Fries Museum 26 sind für Besucher in einem **Rollstuhl** zugänglich. Es gibt in den Museen rollstuhlzugängliche **Toiletten. Hotel-Tipp:** Im Alibi-Hostel (im Gefängnis Blokhuispoort, s. S. 120) gibt es eine barrierefreie „Zelle" mit Bad.

Über die Stadt verteilt gibt es spezielle **Behindertenparkplätze.** Bitte beachten: Man muss dort auch dann Parkgebühren bezahlen, wenn man einen Behindertenausweis besitzt.

Einkaufen

Shoppingareale

Gleich zwei „Kirchenstraßen" gibt es in Leeuwarden: Die Grote und die Kleine Kerkstraat. Zum Shoppen ist die zweite interessanter, sie wurde gar zur schönsten Einkaufsstraße („winkelstraat") der Niederlande gewählt. Die **Kleine Kerkstraat** [II B2] lockt mit kleinen, individuellen Shops wie Designgeschäften, Blumenladen, einer friesischen Bäckerei und dem Käsegeschäft Zuivelhoeve (s. S. 102).

> **Shoppingareale**
> Die wichtigsten Shoppingbereiche der Stadt sind im Kartenmaterial mit einer rötlichen Fläche markiert.

An der **Ecke Nieuwestad/Wirdumerdijk** [II C3] finden sich niederländische und internationale Einzelhandelsketten wie Hema (sehr beliebt bei den Niederländern), Etos (Kosmetik), Blokker (Haushaltswaren) sowie die Modegeschäfte H&M, Zara, We und Vila. Das *winkelcentrum* (Einkaufszentrum) **Zaailand** ist eine überdachte Einkaufspassage in der Innenstadt nahe dem Fries Museum 26, in dem auch überraschende Design-, Kunst- und Vintage-Geschäfte zu finden sind. Daran angrenzend liegt die Einkaufsstraße **Ruiterskwartier** [II A–C3] mit einigen Modeboutiquen.

Eine alte Straße mit schönen Giebelhäusern ist die **Sint Jacobstraat.** Weil hier früher das Finanzamt angesiedelt war, gegenüber dem wiederum der teuerste Geflügelhändler der Stadt sein Geschäft hatte, nannte man die Straße *„dubbele plukstraat"*, hier muss man also gleich doppelt Federn lassen. Heute laden in den Altbauten kleine individuelle Geschäfte zum Shoppen ein.

Ebenfalls individuell sind die Mini-Shops, die sich im früheren Gefängnis, im **Blokhuispoort** 28, angesiedelt haben. In ausgedienten Zellen werden Schmuck, Design und biologisch produzierte Lebensmittel auf kleinster Fläche verkauft. Außerdem haben dort Künstler, Fotografen, ein Friseur und ein Tattoo-Studio ihren Sitz.

Friesische Produkte

Was ist nun typisch friesisch? In erster Linie sind das süße Köstlichkeiten. Dazu gehören *zuikerbrood* (Zuckerbrot), Dúmkes und **Oranjekoek.** Letzterer ist ein – etwas trockener – Kuchen mit Mandelfüllung und einer Verzierung aus Buttercreme, die bei jedem Konditor anders ist. Der Name des Oranjekoek stammt nicht von der Farbe Orange (*oranje* im Niederländischen), sondern von zugefügten Orangeschalen. **Dúmkes** ist das friesische Wort für Daumen. Mit dem Daumen nämlich wurden diese Mandel-Anis-Kekse in Form gebracht. **Zuikerbrood** (Zuckerbrot) ist luftig gebackenes Weißbrot mit Zuckerstücken. Es wird traditionell mit (viel) Butter gegessen.

Im Reich der Spirituosen trumpft Friesland mit dem Kräuterbitter namens **Beerenburg** auf. Jede Stadt hat ihre eigene Marke: Weduwe Joustra Beerenburg kommt aus Sneek; aus Leeuwarden kennt man Boomsma, dessen Beerenburg „Beerenburger" genannt wird. Diese Getränke sind in Leeuwarden auch in den großen Spirituosengeschäften erhältlich. Wie in vielen anderen Teilen der Niederlande haben sich auch in Friesland die kleinen **Brauereien** zum Trend entwickelt. In Leeuwarden gibt es die Marke Grutte Pier, in Bolsward Us Heit, in Dokkum die Brauerei Bonifatius und in Sneek Meerpael.

Geschäfte mit friesischen Delikatessen

- **105** [II B2] **Banketbakkerij (Konditorei) Salverda,** Kleine Kerkstraat 34, www.salverda-banket.nl, geöffnet: Di.-Sa. 9-17.30 Uhr. Der Oranjekoek ist eine echte friesische Spezialität und besonders gut schmeckt er bei Salverda.
- **106** [II B2] **House of Taste,** Kleine Kerkstraat 36, www.houseoftaste.nl, geöffnet: Mo. 12-17, Di.-Fr. 10-18, Sa. 9.30-17.30 Uhr. Alles, was schmeckt, verkauft Jan-Tjip Douwstra in seinem Laden. Die Palette reicht von luftgetrockneter Wurst aus Friesland über regionale Biere bis hin zu Delikatessen aus mediterranen Ländern.
- **107** [II B2] **Zuivelhoeve,** Kleine Kerkstraat 23, https://winkels.zuivelhoeve.nl/leeuwarden-3, geöffnet: Mo. 10.30-18, Di.-Fr. 8.30-18, Sa. 8.30-17.30, So. 10.30-17 Uhr. Früher gab es hier noch große Käselaibe, die sich bis unter die Decke stapelten. Inzwischen sind die Käsestücke abgepackt, wodurch sie haltbarer bleiben und man sie gut als Souvenir mitnehmen kann. Weiterhin gibt es eine große Auswahl an getrockneten Würsten. Köstlich sind auch die Joghurts und die friesischen Produkte.

Kaufhäuser

- **108** [II B3] **Hema,** Nieuwestad 126, www.hema.nl, geöffnet: Mo.-Sa. 9-18, Do. bis 21, So. 12-17 Uhr. Die Niederländer lieben das Kaufhaus Hema. Kein Wunder, denn dort gibt es gute Qualität und modernes Design zum kleinen Preis. Von

098gr-ug

An Zucker wird nicht gespart: Gebäck aus Friesland

der berühmten Hema-Rauchwurst über Bio-Babystrampler und Schreibwaren bis zu Geschenken, Kleidung und Kosmetik. Man findet wenig Auswahl einer bestimmten Produktsorte, doch dafür gibt es (fast) alles.

Design, Schmuck und Geschenke

109 [II B2] **Pieps & Co,** Grote Kerkstraat 20, www.praderwillihuis.nl, in der Regel nachmittags geöffnet. „Besondere Produkte von besonderen Menschen" so lautet das Motto des Ateliers Pieps & Co. In der Grote Kerkstraat haben junge Menschen mit Prader-Willi-Syndrom ihren Arbeitsplatz und einen kleinen Laden, in dem sie ihre Werke verkaufen: selbstgemachte Karten, Kränze, Kunstobjekte und Geschenkartikel. Es gibt auch günstige Baby- und Kinderkleidung. Man merkt den jungen Leuten ihre Begeisterung an, denn man wird sehr nett beraten.

110 [II B2] **Binnenwerk,** Grote Kerkstraat 12, www.binnenwerk.nl, geöffnet: Di.-Sa. 13-17 Uhr. Gegenüber vom Keramiekmuseum steht ein monumentales Gebäude, in dem Designstücke, Möbel und Wohnaccessoires der Marken Alessi, Gelderland, Rijksmuseum Collectie, Dutch Originals, Arco etc. verkauft werden. Typisch Leeuwarden: Ein Schlüsselanhänger aus biologisch abbaubarem Material mit Oldehove-Motiv.

111 [II B2] **Eric Steenbergen Designwinkel,** Kleine Kerkstraat 20, www.ericsteenbergen.nl, geöffnet: Mo. 13-18, Di.-Fr. 10-18, Sa. 10-17, So. 13-17 Uhr. Design aus aller Welt: Iittala-Geschirr aus Finnland, Artemide-Lampen aus Italien, Mondaine-Uhren aus der Schweiz und auch niederländische Designobjekte wie Lampen.

› **Museumsshop Princessehof,** Grote Kerkstraat 11, geöffnet: Di.-So. 11-17 Uhr. Für eine Vase aus echtem Delfter Blau

097gr-ug

oder ein paar blau-weiße Fliesen aus Friesland ist im Gepäck sicher noch Platz. Der große Museumsladen ist ein Magnet für alle, die sich gerne mit schönen Dingen umgeben.

112 [II C2] **Pjut,** Bredeplaats 1, http://pjut.nl, geöffnet: nach Voranmeldung unter Tel. 06 22000064. Unter dem Motto *„fries & vrolijk"* verkauft Inge Adema am Platz neben der Jacobijnerkerk Kinderkleidung und Accessoires, die fröhlich stimmen. Am besten hat man selbst eine ganze Kinderschar zu Hause oder im Freundeskreis, die man hier mit allerlei schönen Dingen ausstatten kann: Sportbeutel mit Prinzessinnen-Antlitz, Shirts mit Traktoren, Spieluhren mit Leuchtturm, Teetassen mit Segelbooten. Übrigens: „Pjut" ist friesisch und heißt soviel wie „Knirps".

Mode

113 [II C2] **The SainT,** Sint Jacobsstraat 9, https://thesaintshirts.nl, geöffnet: Mo. 13-18, Di.-Fr. 10-18, Sa. 10-17 Uhr. Fan von Game Of Thrones, AC/DC, Frida Kahlo oder Bruce Springsteen? Bei The SainT gibt es das passende T-Shirt, um

Binnenwerk bietet Designklassiker aus Holland und dem Rest der Welt

jede Vorliebe öffentlich zur Schau zu tragen. Dazu passend werden Kaffeetassen, Socken, Mützen und sonstige Merchandise-Artikel verkauft. Wer seinen Superhero im Laden nicht finden kann, der bestellt das Shirt einfach über den Webshop.

114 [II C3] **House of Colour,** Naauw 14, https://houseofcolour.nl, geöffnet: Mo. 13–17.30, Di.–Fr. 10–17.30, Sa. 10–17 Uhr. Nicht kitschig bunt, sondern stilvoll farbenfroh bringt House of Colour geschmackvolle Accessoires ins Wohnzimmer sowie schöne Kleidung in den Schrank. Man denke an Teeservice, Kerzenständer, Plaids und Kissen, Vasen sowie Kleider, Blusen und Hosen der niederländischen Modemarke JcSophie.

115 [II C2] **Niinsky Mode**, Sint Jacobsstraat 5, www.niinsky.nl, geöffnet: Di.–Sa. 11–17 Uhr. Gerda und Thea, Eigentümerinnen von Niinsky Mode, bieten hauptsächlich nachhaltige Kleidung an. Labels sind u. a. Humanoid, Studio Rundholz, Kyoto Tango und Annette Görtz.

116 [II C3] **Fiftysix,** Wirdumerdijk 45, www.fiftysix.nl, geöffnet: Mo. 12–18, Di.–Sa. 9.30–18 (Do. bis 21), So. 12–17 Uhr. Aufmarsch der Trendmarken in Leeuwarden: G-Star, Boss, Scotch and Soda, Goosecraft, Peak Performance, PME Legend und Nubikk.

117 [II C1] **Madelief**, Vijzelstraat 17, https://madeliefsite.nl, geöffnet: Mi.–Fr. 10–17, Sa. 12–17 Uhr. Hippe Secondhandkleidung von Qualitätsmarken in einem schönen Ambiente. Ergänzt wird die Modekollektion durch Schuhe, Taschen und Wohnaccessoires.

118 [II B3] **Jacob mannenmode,** Nieuwestad 73, https://jacobmannenmode.company.site, geöffnet: Mo. 13–18, Di.–Fr. 9.30–18 (Do. bis 21), Sa. 9.30–17 Uhr. Lässig gekleidet zur Arbeit: Die Männermode von Jacob ist schick und stylish. Mit Hosen von Vanguard, Hemden von Olymp und Pullis von State of Art ist Mann gut angezogen. Nette Geste: Die Begleitung kann auf dem Sofa Platz nehmen und bekommt während des Wartens einen Cappuccino und eine Praline.

119 [II C2] **NY-NA,** Sint Jacobsstraat 11, www.ny-na.nl, geöffnet: Di.–Sa. 11–17 Uhr. In einem der schönsten historischen Häuser der Altstadt hat sich ein Laden niedergelassen, der durch sein farbenfrohes Sortiment auffällt. „Hauptsache bunt" – das scheint das Motto zu sein. Und so gibt es Kleider, Geschirr, Ketten, Wohnaccessoires und Bilder in knalligen Farben. Über allem hängt der Duft von Räucherstäbchen.

Spiele und Kinderkleidung

120 [II B3] **Spellekijn,** Nieuwestad 79, www.spellekijn.nl, geöffnet: Mo. 13–18, Di.–Fr. 10–18, Do. bis 21, Sa. 10–17, So. 13–17 Uhr. Im größten Spiele-Fachgeschäft Frieslands gibt es neben unzähligen Brett- und Gesellschaftsspielen (es sollen 15.000 sein) auch Puzzles und Spielsachen für die Kleinsten.

Bücher und Zeitschriften

121 [II B2] **De Afúk,** Bûterhoeke 3, https://afuk.frl/en/book-and-giftshop, geöffnet: Mo. 13–17.30, Di.–Fr. 9.30–17.30, Sa. 10.30–17 Uhr. Bücher und Geschenke in friesischer Sprache.

122 [II C2] **De Lektuurhal,** Over de Kelders 10, geöffnet: Mo. 9–18, Di.–Fr. 8.30–18, Do. bis 21, Sa. 8.30–17 Uhr. In dem Zeitschriftenladen im Zentrum werden auch deutschsprachige Zeitungen wie DIE ZEIT, Welt und Bild und Zeitschriften verkauft.

Markt

› Jeden Freitag lädt der **Markt auf dem Wilhelminaplein** [II B3] zum günstigen Einkaufen – hauptsächlich von Obst, Gemüse und regionalen Produkten – ein.

Essen und Trinken

Regionale Küche

› **Bajes Streetfood Club** €€, Blokhuisplein 40, www.blokhuispoort.frl/cafe-de-bak, geöffnet: Sa., Di. 10–18, Mi. 11–18, Do., Fr. 11–22 Uhr. Das Bajes ist im „bak" („Knast"), im Blokhuispoort 28, ansässig. Hier kann man „gezellig zitten" und Gerichte wie Baba Ganoush, Pulled Chicken, Shakshuka, Empanadas und Linsencurry genießen.

123 [II C2] **De Walrus** €€, Gouverneursplein 37, www.dewalrusleeuwarden.nl, geöffnet: tägl. 10–1 Uhr. Sehr einladend ist die große Terrasse mit Tischfeuer. Auch drinnen in der guten Stube ist es gemütlich, dank der Inneneinrichtung mit viel Holz. Was gibt's zu essen? *Broodjes* (belegte Brote) zu Mittag, und abends Satéspieße, Linsencurry, Hähnchen, Steak und den beliebten „Walrus"-Burger.

124 [II B3] **Het Wapen van Leeuwarden** €€, Zaailand 92, www.hetwapenvanleeuwarden.nl, geöffnet: Mo. ab 16, Di.–Do., Sa. ab 11, Fr. ab 9, So. ab 15 Uhr. So wie ein *bruin café* in den Niederlanden aussehen muss: dunkle Wände, dunkle Holztische, braune Lederbänke – *heel gezellig,* also sehr gemütlich! Auf der Karte stehen der Niederländer liebste Speisen: Spareribs, Steaks und Hähnchenspieß mit dicken Fritten.

125 [II B4] **Loetje** €€, Stationsweg 2, www.loetje.nl, tägl. 12–22 Uhr. Nicht unbedingt typisch friesisch, dafür typisch niederländisch ist Loetje. Seit 1977 lieben die Niederländer die Steaks in Braten-

Gastro- und Nightlife-Areale

Bläulich hervorgehobene Bereiche in den Karten kennzeichnen Gebiete mit einem dichten Angebot an Restaurants, Bars, Clubs, Discos etc.

MEIN TIPP

Moderne Topküche in bester Atmosphäre

Zwar liegt das Wannee rund 15 Gehminuten vom Oldehove-Turm und damit der Altstadt entfernt, doch der Weg lohnt sich (Autofahrer finden einen kostenlosen Parkplatz direkt vor dem Restaurant). Hier stimmt einfach alles: Atmosphäre, Qualität, Service und Preis. Bedient werden die Gäste von internationalen Studenten der Hotelfachschule Leeuwarden, die äußerst charmant und fachkundig ihr Bestes geben. In der Küche schwingt Meisterkoch Albert Kooy den Löffel, der als Erfinder der New Dutch Cuisine gilt. Devise ist: weniger tierische Produkte, mehr pflanzliche Zutaten, vor allem Gemüse. Das Meiste stammt von niederländischem Boden und wird ohne künstliche Zusatzstoffe zubereitet. Das Ergebnis: wunderbare Gerichte auf höchstem kulinarischem Niveau, serviert mit den passenden Weinen und das alles zu sehr gemäßigten Preisen. Übrigens stammt der Name Wannee von Cornelia Johanna Wannée, die eines der ersten niederländischen Kochbücher geschrieben hat.

126 [II B1] **Wannee** €€, Rengerslaan 8, www.restaurantwannee.nl, geöffnet: Frühstück Mo.–Fr. 7–10, Sa., So. 8–11, Mittagessen Mo.–Sa. 12–14, Abendessen Mo.–Sa. 17–20 Uhr (Ankunftszeit)

103gr-ug

Preiskategorien Restaurants
Preise für ein Hauptgericht ohne Getränke:

€	bis 20 €
€€	20–25 €
€€€	ab 25 €

sauce mit Pommes von Loetje. Inzwischen gibt es über 30 Niederlassungen im ganzen Land – eine davon direkt am Bahnhof von Leeuwarden.

127 [II C2] **Restaurant Eindeloos** €€€, Korfmakersstraat 17, Tel. 058 2130835, www.restauranteindeloos.nl, geöffnet: Di.–Sa. ab 17 Uhr. Genuss auf höchstem Niveau. Regionale Produkte bilden die Basis. Dafür wird mit Jägern, Bauern, Metzgern und Käseherstellern aus der Gegend zusammengearbeitet. Das Speisenangebot wechselt regelmäßig, serviert wird ein Überraschungsmenü mit 4, 5 oder 6 Gängen (ab etwa 60 €). Es gibt auch ein veganes Menü.

128 [II B3] **Pannekoekschip (Pfannkuchenschiff)** €€, Willemskade 69, www.pannekoekschipleeuwarden.nl, geöffnet: Di., Mi. 16.30–20, Do.–Sa. 12–21, So. 12–20 Uhr. Capt'n Pancake lädt an Bord und zaubert Pfannkuchen in 120 verschiedenen Varianten: mit Rosinen, Apfel, Speck, Banane, Schinken usw. Entweder kombiniert oder pur. Vor allem für einen Besuch mit Kindern empfehlenswert.

129 [II C2] **Post Plaza** €€, Tweebaksmarkt 25–27, www.post-plaza.nl, geöffnet: Mo.–Fr. 7–24, Sa., So. 8–1 Uhr. Im historischen Postgebäude von Leeuwarden stößt man auf ein **Grand Café** mit einzigartiger Atmosphäre. Die frühere Schalterhalle ist riesengroß, doch dank der Säulen und der hohen, kunstvoll verzierten Dachkonstruktion aus Holz auch gemütlich. Es gibt einen Lesetisch mit Zeitschriften, eine einladende Ecke mit Sofas und Sesseln sowie einen Restaurantbereich mit Holztischen und -stühlen. Auf der Karte stehen Frühstück, Mittagsgerichte (wie in den Niederlanden üblich, handelt es sich meist um *broodjes*) und abends Steaks und Fischgerichte. Zum Grand Café gehört auch eine eigene Kaffeerösterei in der Galerie über dem Speiseraum (man kann gerne vorbeischauen), deren Erzeugnisse im Res-

Mit dem Pferd die Treppe hoch

Nur ein paar Häuser neben dem Hotel und Restaurant Post Plaza (s. oben) fällt ein historisches Gebäude aus dem späten 16. Jahrhundert auf: die Kanselarij. Erker, Treppengiebel, Skulpturen, Bleiglasfenster, blaugelbe Fensterläden und eine Freitreppe lassen den Renaissance-Stil erkennen. Erbaut wurde die Kanselarij zwischen 1566 und 1571 als Justizgebäude des friesischen Hofes. Was man heute nicht mehr sehen kann: Früher lag das Haus an einer Gracht, und daher gab es nicht viel Platz zum Festbinden der Pferde. Die Lösung brachte eine Wendeltreppe im Gebäudeinneren, die flach ansteigend ist und deren Stufen recht breit sind. Über diese Treppe konnten die Pferde in den zweiten Stock gelangen, wo unter dem Hausdach der Pferdestall untergebracht war. Heute findet man hier keine Pferde mehr, sondern rauchende Köpfe unter einem geföhnten Pony. Die Kanselarij dient – nachdem sie als Justizgebäude, Krankenhaus, Kaserne, Archiv und Museum genutzt wurde – heute als kreativer Brutplatz für Jungunternehmer.

› **Kanselarij,** Turfmarkt 11 [II D2]

taurant verkauft werden – als Kaffeespezialitäten zum Vor-Ort-Genießen und zum Mitnehmen

130 [II B2] **Roast** €€, Nieuwestad 63, https://roastleeuwarden.nl, geöffnet: So.–Mi. 11–23, Do. 11–1, Fr., Sa. 10–1 Uhr. Speisen auf einem etwas gehobeneren Niveau mit einer großen und kreativen Auswahl. Reizvoll ist auch die Atmosphäre: Hippes Industriedesign und blankgescheuerte Holztische, die zu langen Abenden einladen.

› **Restaurant Stadswaag** €€, im alten Waaggebäude 25, http://stadswaag.nl, geöffnet: Di.–Sa. 10–18, So., Mo. 12–18 Uhr. Vor allem für ein Mittagessen oder einen Kaffee in der Sonne zu Füßen des beeindruckenden Gebäudes aus dem Jahr 1596 ist die Stadswaag ein prima Platz. Das Bistro bietet belegte Brote, *tostis* und Salate.

› **WeidumerHout** €€ (s. S. 120), Tel. 058 2519888, www.weidumerhout.nl/restaurant, geöffnet: tägl. 8–22 Uhr. Holzbalken treffen auf Kronleuchter, Backsteinmauern auf weiße Servietten, antike Kerzenhalter an der Wand auf moderne Kunstwerke – in der Scheune eines historischen Bauernhauses hat sich ein bemerkenswertes Restaurant niedergelassen. Empfehlenswert sind die Überraschungsmenüs, die täglich frisch aus hochwertigen, regionalen Zutaten zubereitet werden. Dazu werden Weine oder das friesische Bier Us Heit vom Fass gereicht. Zehn Kilometer (von Leeuwarden aus) in eine wunderschöne friesische Landschaft, die sich lohnen! Wer es ganz entspannt angehen möchte, kann nach dem Essen für eine Nacht in einem der modernen Holzhäuser auf der Wiese übernachten.

Meine Tipps

Lecker vegetarisch

Vegetarische Gerichte gibt es in allen Leeuwardener Restaurants. Besonders empfehlenswert für Vegetarier sind das **Spinoza** (s. S. 108), **Stek** (s. S. 109), **Wannee** (s. S. 105) und **Het Leven** (s. S. 108). Ein sehr hochwertiges veganes Menü bietet das Restaurant **Eindeloos** (s. S. 106).

Lokale mit guter Aussicht

› Das Restaurant **Proefverlof** (s. S. 108) verfügt über eine herrliche Terrasse mit Blick auf die Stadtgracht.

› Das **Café Stek** (s. S. 109) lockt mit einer Aussicht auf den Oldehove, die Stadtgracht und den Prinsentuin.

Für den späten Hunger

Ein Phänomen haben die Niederlande zu bieten, das wohl in ganz Europa einzigartig sein dürfte: warmes Essen aus den Automaten von **Febo.** So einen Febo-Automaten gibt es auch in Leeuwarden. Zwar kann man dort Pommes, Frikandel und Kroket auch „ganz normal" an der Theke bestellen, sodass der Snack frisch frittiert ist (darauf muss man allerdings warten). Man kann sich eine Frikandel aber auch aus dem Automaten ziehen. Febo Leeuwarden versorgt Fast-Food-Fans nicht nur tagsüber mit Fettigem und Sättigendem, sondern auch mitten in der Nacht, genauer gesagt So. und Mo. bis 2, Di. und Mi. bis 4.30 und Do.–Sa. bis 5.30 Uhr.

131 [II B3] **Febo** €€, Ruiterskwartier 105

Dinner for one

Alleine unterwegs? Im **Grand Café Post Plaza** (s. S. 106) wird sich keiner einsam fühlen. Hier sitzen auch viele Gäste des Post Plaza Hotels mit ihrem Laptop an einem der Tische oder Einheimische, die eine Kaffeepause einlegen und am großen Lesetisch in einem der vielen ausliegenden Magazine blättern.

066gr-ug

Sonnige Mittagspause bei Het Leven

Internationale Küche

132 [II B2] **Double B** €€, Weerd 18, http://doublebleeuwarden.nl, geöffnet: tägl. 16–24 Uhr, am Wochenende bis 2 Uhr. Den eigenen Burger zusammenstellen, so lautet die Devise dieses Lokals. Man wählt aus verschiedenen Brötchensorten und Burgervarianten (Fleisch, Fisch, vegetarisch) und Toppings (Tomaten, Zwiebeln, Pilze etc.) aus. Gegessen wird im Restaurant oder auf der 200 m² großen Terrasse. Und wofür steht das zweite B in Double B? Für Bier, wobei es da hauptsächlich um Heineken und die von der Großbrauerei vertriebenen Spezialbiere wie Affligem und Corona geht.

133 [II C3] **Het Leven** €€, Druifstreek 57, www.eetcafehetleven.nl, geöffnet: Mo.–Mi. 16–24, Do.–So. 11–24 Uhr. Lockere Atmosphäre, Spielecke für Kinder und eine kreative Küche, die solche Herrlichkeiten wie einen ganzen Seebarsch, angerichtet mit frischen Zitronen, zaubert. Hervorragend schmeckt – am besten draußen auf der Sonnenterrasse zu genießen – der Ziegenkäsesalat. Auch viele vegetarische und vegane Gerichte.

› **Proefverlof** €€, Blokhuisplein 40, Tel. 058 3020030, www.proefverlof.frl. geöffnet: tägl. 10–24 Uhr. Proefverlof bedeutet soviel wie „Bewährung/Hafturlaub". Der Name kommt nicht von ungefähr. Das Restaurant gehört zum großen Gefängniskomplex Blokhuispoort 28, welcher auch das Alibi Hostel (s. S. 120) beherbergt. Von Anfang an war das Restaurant sehr beliebt, was nicht weiter verwundert, denn allein die große Holzterrasse an der Gracht gehört zu den schönsten Plätzen der Stadt. Erfreulich ist auch das hochwertige Essen mit frischem Fisch, Muscheln und Lamm.

134 [II C2] **Spinoza** €€, Eewal 50–52, Tel. 058 2129393, http://eetcafespinoza.nl, geöffnet: Di.–So. 15–23 Uhr. Urgemütliche Einrichtung mit Holztischen und -stühlen sowie viel (jahreszeitlich wechselnder) Dekoration. Zum Draußensitzen laden der Innenhof und eine Terrasse vor dem Restaurant am Eewal ein. Zu Essen gibt es niederländische Restaurant-Klassiker wie Satéspieße, Burger, Spareribs und Steaks, aber auch vegane Gerichte.

135 [II C2] **TOTT – Talk of the Town** €€, Grote Hoogstraat 30, www.tott-leeuwarden.nl, geöffnet: Di.–So. 16–24 Uhr.

MEIN TIPP

Das Restaurant hinterm Deich

Es gibt Lieblingsorte. Einer davon ist der Zwarte Haan. Die kleine Siedlung liegt direkt hinter dem Wattenmeerdeich (rund eine halbe Stunde mit dem Auto von Leeuwarden entfernt). Nimmt man die Stufen deichaufwärts, sieht man den unendlichen Horizont, die Salzwiesen voller Blumen, die grasenden Schafe, die Austernfischer im Watt. Hinter dem Deich versteckt, steht ein renovierter ehemaliger Bauernhof mit Reetdach, in dem sich eines der besten friesischen Restaurants angesiedelt hat. Nicht im Sinne von Schicki-Micki und Mini-Portionen, sondern mit ordentlich gefüllten Tellern, freundlicher Bedienung und regionaler Küche mit Waddengoud-Produkten (aus der Wattenmeer-Region) wie Nordseefisch und -garnelen, Kartoffeln und Gemüse aus der Umgebung, heimischem Lamm und Weiderind.

138 De Zwarte Haan €€, Nieuwebildtdijk 428, 9079 PG, St. Jacobiparochie, Tel. 0518 401649, http://zwartehaan.nl, geöffnet: Di.–So. ab 12 Uhr

Indonesisches Essen findet man aufgrund der Tatsache, dass Indonesien eine niederländische Kolonie war, relativ häufig. Zu den niederländischen Leibgerichten gehören daher Saté-Spieße: Hähnchen-, Rinder- oder Schweinefleischspieße mit einer köstlichen Erdnusssauce, dazu Pommes und Salat. Im TOTT kommen die Satéspieße vom Holzofengrill. Fischliebhaber und Vegetarier finden Fisch-, Garnelen- und vegetarische Spieße vom Grill mit diversen Saucen (die man selbst wählen kann).

Cafés

136 [II C2] **Bagels & Beans**, Kelders 3, www.bagelsbeans.nl/de, geöffnet: tägl. 8–18 Uhr. Ein Platz an der Sonne! Man isst auf einem kleinen Platz an der Gracht, der oft sonnenverwöhnt ist.

137 [II C3] **Brasserie Spiegelaar**, Nieuwestad 141, http://brasseriespiegelaar.nl, geöffnet: Mo., Di. 9–18, Mi.–Sa. 9–22, So. 12–18 Uhr. High Tea an der

MEIN TIPP

Ein romantisches Plätzchen

Es gibt kaum einen schöneren Ort für ein sommerliches Frühstück, einen High Tea oder einen Lunch als das Stek. Herrlich für einen *koffie verkeerd* mit Karottenkuchen oder Pfannkuchen mit karamellisierten Äpfeln, für einen veganen Linsenburger oder Pommes mit Trüffelmayonnaise. Von den Zutaten bis zum Verpackungsmaterial wird hier auf Nachhaltigkeit geachtet. Vor dem historischen Häuschen direkt an der Stadtgracht befindet sich eine wunderbare kleine Terrasse. Unter Sonnensegeln und Lampions genießt man hier die kreativen und überwiegend gesunden Gerichte, während die Boote und SUP-Boards vorbeiziehen oder die Brücke für ein Segelboot geöffnet wird.

139 [II A2] **Stek** €€, Harlingersingel 2, www.stekleeuwarden.nl, geöffnet: Mo., Di. 11–18, Mi.–So. 9–18 Uhr

102gr-ug

Im Café Stek kann man an der Gracht nachhaltig genießen

Gracht mit Blick auf das Waaghaus – das ist der Logenplatz in Leeuwarden. Neben Tee bietet die Brasserie vom Pfannkuchen über *broodje* bis zum Burger am Abend die ganze Palette der niederländischen Bistro-Küche.

140 [II A2] **Brownies & Downies,** Nieuwestad 1, brownieanddowniesleeuwarden.nl, geöffnet: Di.–Do. 9.30–17, Fr., Sa. 9.30–18, So. 11–18 Uhr. Frühstück und Mittagessen (vegetarisch, vegan, gluten- und laktosefrei) werden im Café an der Gracht sehr charmant von Jugendlichen mit Downsyndrom serviert.

Meine Literaturtipps

- Coelho, Paulo: **Die Spionin,** Diogenes-Verlag, 2016. Buch des brasilianischen Autors über Mata Hari (s. S. 92), in dem er in die Haut der aus Leeuwarden stammenden Nackttänzerin und vermeintlichen Spionin schlüpft und sie einen Rückblick auf ihr Leben zwischen Männern, Macht und magischen Tänzen erzählen lässt.
- Mak, Geert: **Wie Gott verschwand aus Jorwerd. Der Untergang des Dorfes in Europa,** Pantheon Verlag, 2014. Biographie eines friesischen Dorfes in den Jahren 1945 bis 1995, in dem die kleinen Läden und Traditionen verschwinden und sich die Zugezogenen auf der Straße nicht mehr grüßen.
- Grafberger, Ulrike: **Niederlande,** Reise Know-How Verlag, 2023. Allen, die sich nicht nur die zwei Städte, sondern mehr vom Norden der Niederlande ansehen möchten (einschließlich der Nordseeinseln), sei der Niederlande-Reiseführer empfohlen. Rund 100 Seiten sind den Provinzen Friesland, Groningen und Drenthe gewidmet.

Informationsstellen

Infostellen in der Stadt

141 [II B2] **Leeuwarden Visitor Center,** Heer Ivostraatje 1 (neben dem Oldehove-Turm), Tel. +31 (0)58 2338545, www.visitleeuwarden.com/de, geöffnet: tägl. 9–18 Uhr. Tipps, Informationen, Tickets für Bootsverleih und Stadtrundgänge sowie Broschüren.

Die Stadt im Internet

- **www.visitleeuwarden.com/de.** Die offizielle Website von Leeuwarden beleuchtet alle Aspekte der Stadt: Essen und Trinken, Ausgehen, Touren, Museen etc. Besonders praktisch ist der Veranstaltungskalender (Agenda) sowie der Menüpunkt „Entdecken" mit Tipps für 1, 2 oder 3 Tage in der Stadt. Auch in deutscher Sprache.
- **http://Uitloper.nu:** Sowohl die aktuellen Veranstaltungen in Leeuwarden als auch diejenigen in Groningen sind gedruckt und online unter dem Begriff Uitloper (Ausläufer) zu finden (nur auf Niederländisch).
- **www.friesland.nl/de:** schön aufbereitete Website über Leeuwarden und die elf friesischen Städten

Publikationen und Medien

Das Gratis-Stadtblatt **Leeuwarder Studentenkrant** (www.leeuwarderstudentenkrant.nl) gibt es nur auf Niederländisch, lohnt aber auch einen Blick, wenn man der Sprache nicht mächtig ist. Die Touristeninfo (s. oben) hält eine Vielzahl von Broschüren bereit, die es teilweise auch in deutscher Sprache gibt.

Smartphone-Apps

- **Kunst Leeuwarden:** Eine App der Gemeinde Leeuwarden über Kunstwerke im öffentlichen Raum, einschließlich der Straßenstein-Gedichte und der Street-

Art-Kunstwerke (s. S. 112). Zwar sind die Beschreibungen auf Niederländisch, doch da die Kunstwerke abgebildet werden, kann man zumindest den Namen des Künstlers und des Kunstwerks sowie den Straßennamen nachlesen (kostenlos für iOS).

› **Apps zu den Themen öffentlicher Nahverkehr und Routenplanung** siehe Groningen S. 55.

Kunst und Museen

Für eine doch eher kleine Stadt wie Leeuwarden trifft man auf überraschend viele Künstler – der Vergangenheit als auch der Gegenwart. Zu den großen Namen zählen Lourens **Alma Tadema,** der in Dronrijp bei Leeuwarden geboren wurde, später als Sir Lawrence Alma Tadema mit seinen idealisierten Historienbildern in England große Erfolge feierte und zu einem der berühmtesten Maler des 19. Jahrhunderts aufstieg. Weiterhin wurde **M.C. Escher** 1898 in Leeuwarden geboren (im Princessehof 20), dessen optische Täuschungen noch heute erstaunen und dem in Den Haag ein eigenes Museum gewidmet ist. Eine Übersicht derzeit in Leeuwarden tätiger Künstler präsentiert die Website www.exto.nl/kunst/uit/Leeuwarden.html.

Museen

23 [II B2] **De Grutterswinkel:** historischer Tante-Emma-Laden, in dem man wie im letzten Jahrhundert Zuckerstangen kaufen und einen Kaffee in Wohnzimmeratmosphäre trinken kann (s. S. 88).

142 [II C2] **De Utrecht,** Tweebaksmarkt 48, https://deutrecht.frl, geöffnet: Fr., Sa. 13–17 Uhr, Eintritt: 3,50 €. Der Star ist hier das Gebäude: Am und im früheren Sitz einer Versicherung, 1904 im Jugendstil erbaut, sind noch heute viele der Originaldetails erhalten: Blumendekor, Buntglasfenster und Kassettendecke. Ein moderner Anbau dient als Veranstaltungs- und Ausstellungsraum.

26 [II B3] **Fries Museum:** modernes Gebäude, alte Geschichten, aber auch zeitgenössische Kunst und immer wieder aufsehenerregende Sonderausstellungen (s. S. 91).

143 [II D2] **Het andere Museum,** Oostersingel 8, Tel. 058 2998021, http://museumpakhuiskoophandel.nl, geöffnet: März–Dez. Mi.–So. 13–17 Uhr, Jan.–Febr. So. 13–17 Uhr, Eintritt: Erw. 7,50 €, Kinder bis 12 Jahre 4 €. Im „anderen" Museum gibt es Oldtimer, Stoffe (17. Jahrhundert bis heute, u. a. viel Spitzenstoff), zwei LGB-Modelleisenbahnen, Radios und Grammophone zu sehen. Die Ausstellungsstücke befinden sich in einem historischen Lagerhaus am Ufer der östlichen Stadsgracht.

144 [II D2] **Museumshaus Van Eysinga,** Koningsstraat 25, www.hendrickdekeyser.nl/museumbezoek/huis-van-eysinga-leeuwarden, geöffnet: Mi.–So. 10.30–16.30 Uhr, Eintritt: 9 €, 12–18 Jahre 5 €. Die Adelsfamilie Van Eysinga hatte Geld. Das ist den wunderschönen Innenräumen des Hauses aus dem 18. Jh. auch anzusehen: Kronleuchter, Stuckdecken, Perserteppiche und Gemälde an der Wand. Doch wie lebten die Dienstboten? Und wie sah damals eine Küche aus? Treten Sie ein und sehen Sie sich um!

145 **Friesisches Landbaumuseum (Fries Landbouwmuseum),** Felling 6, www.landbouwmuseumfriesland.nl, geöffnet: April–Okt. Di.–Fr. 11–17, Sa., So. 13–17, Nov.–März Sa., So. 13–17 Uhr, Eintritt: 8 €, 6–12 Jahre 4,50 €. Ein Ausflug in die Umgebung von Leeuwarden macht es deutlich: Friesland ist eine von der Landwirtschaft geprägte Provinz. In diesem Museum ist zu sehen, wie die Bauern früher wohnten, arbeiteten und

lebten. Gezeigt werden Gerätschaften, Trachten, Gemälde und Alltagsgegenstände. Interessant sind auch die Informationen über Milchtransport, Butterherstellung, Kartoffelernte etc. Es gibt ein Handout in deutscher Sprache.

⓲ [II B2] **Historisch Centrum.** Kleine Ausstellung zur Stadtgeschichte (s. S. 82).

㉑ [II C2] **Naturmuseum (Natuurmuseum Fryslân):** Das „beste kidsproof Museum Frieslands" ist vor allem für Kinder interessant (s. S. 85).

⓳ [II B1] **Pier-Pander-Tempel und Museum.** Marmor-Statuen des friesischen Künstlers Pier Pander (s. S. 82).

Kunstgalerien

146 [II C2] **artemisia,** Eeuwal 98, www.artemisiainkunstzaken.nl, geöffnet: Do.–Sa. 12.30–17.00 Uhr. Spezialisiert auf nordniederländische Kunst von renommierten, aber auch jungen Künstlern. Die Kollektion besteht aus Gemälden, Zeichnungen und Skulpturen.

147 [II C2] **Galerie De Roos van Tudor,** Eewal 47–49, Tel. 058-2161636, www.roosvantudor.nl, geöffnet: Sa. 13–17 Uhr. Die Galerie De Roos van Tudor hat sich in zwei Altbauten am Eewal niedergelassen und präsentiert dort die Werke junger zeitgenössischer und etablierter Künstler aus den Niederlanden.

Kunst unter freiem Himmel

Wer durch die Stadt bummelt, wird sich vielleicht über die großen Pflastersteine wundern, auf denen Gedichte in friesischer und niederländischer Sprache stehen. Sie gehören zur **Poëzieroute (Poesieroute) Leeuwarden**, die 1993 zur Verabschiedung von G.J. te Loo geschaffen wurde, der von 1983 bis 1993 Leeuwardens Bürgermeister war. Die ersten zehn Gedichte stammten noch von Dichtern, die in Leeuwarden wohnten oder mit der Stadt in Verbindung standen. Später kamen weitere 50 Gedichte anderer Autoren hinzu, z. B. des russischen Schriftstellers Turgenew. Wer wissen möchte, welche Gedichte sich wo befinden und von wem sie stammen, kann sich auf der Website www.poezieroute.nl (nur auf Niederländisch) kundig machen.

In den letzten Jahren bereicherte vermehrt **Street-Art** das Straßenbild Leeuwardens. Die meisten Werke sind am Posthoornsteeg, Zuiderplein und Oostergoweg zu sehen. „A Guide To Leeuwarden" (s. S. 116) bietet Street-Art-Führungen an. Wer auf eigene Faust losziehen möchte, findet die Standorte unter https://streetartcities.com/cities/leeuwarden.

Auch das Kunstwerk in Form eines **Walskeletts,** das sich über den

106gr-ug

Oude Lombardsteeg erstreckt, ist interessant. Der Entwurf stammt von der Künstlerin Giny Vos aus Amsterdam und besteht aus Aluminium. Besonders schön ist das riesige Skelett in der Nacht, wenn es beleuchtet ist, und die sehr schmale Gasse des Oude Lombardsteegs [II B3] erleuchtet, der von der Gracht Nieuwestad abzweigt.

Sehr am Herzen liegt den Leeuwardenern ihre Kuh namens **Us Mem**, eine lebensgroße Bronzeskulptur des niederländischen Bildhauers Gerhardus Jan Adema, die heute am Harlingersingel [II A2] steht. Der friesische Spitzname der Kuh „Us mem" bedeutet „unsere Mutter" und spielt auf die Abbildung des friesischen Statthalters Willem Lodewijk van Nassau-Dillenburg an, die am Zuiderplein steht und den Namen „Us heit" („unser Vater") trägt.

In Anlehnung an „Us mem" und „Us heit" werden die zwei jugendlichen Gesichter des **Love-Brunnens** am Bahnhof [II B4] **Us Bern** genannt – „unsere Kinder". Der vom spanischen Künstler **Jaume Plensa** geschaffene Brunnen ist Teil der **elf Brunnen**, eines Projektes, das im Rahmen der Ernennung Leeuwardens zur Kulturhauptstadt Europas ins Leben gerufen wurde. In den elf Städten, durch die die legendäre Elfstedentocht führt (s. S. 71), wurden von internationalen Künstlern Brunnen an zentralen Stellen in der Stadt errichtet. Warum ausgerechnet Brunnen? Weil in Friesland das Wasser eine zentrale Rolle spielt – sei es im Winter zum Schlittschuhfahren oder im Sommer zum Bootfahren und Segeln. Rau-

Miniature People Leeuwarden

Da gehen Menschen langsam durch die Straßen und inspizieren die Hausmauern … was tun die da? Sie suchen nach Minimenschen! Die Miniature People Leeuwarden sind **winzig kleine Figuren, die sich in Mauervorsprüngen verstecken.** Ihr Erfinder ist der Leeuwardener Michel Tilma. 2012 musste er nach drei Hirnblutungen sein Leben komplett neu ausrichten. Er begann mit dem Fotografieren und entdeckte die „Miniaturfotografie" für sich. Dazu stellte er an verschiedenen Orten in Leeuwarden seine Miniaturen auf und veröffentlichte seine Fotos bei Instagram unter miniature_people_leeuwarden. Wo die Mini-Leeuwardener zu finden sind, verraten eine Google-Map sowie eine Broschüre, die es für 2 € an mehreren Verkaufsstellen in der Stadt gibt, z. B. beim Visitor Center (s. S. 110), beim Natuurmuseum 21 und in diversen Hotels.

› https://miniaturepeopleleeuwarden.nl

099gr-ug

Street-Art im Oude Doelensteeg – Vorbild war Alma Tadema (s. S. 111)

schendes, spritzendes, sprudelndes Wasser steht im Fokus der elf Brunnen, die von folgenden Künstlern stammen:

- **Leeuwarden:** Jaume Plensa (Spanien)
- **Sneek:** Stephan Balkenhol (Deutschland)
- **IJlst:** Shinji Ohmaki (Japan)
- **Sloten:** Jorge & Lucy Orta (Argentinien)
- **Stavoren:** Mark Dion (USA)
- **Hindeloopen:** Cai Guo-Qiang (China)
- **Workum:** Cornelia Parker (England)
- **Bolsward:** Johan Creten (Belgien)
- **Harlingen:** Jennifer Allora & Guillermo Calzadilla (USA/Kuba)
- **Franeker:** Jean Michel Othoniel (Frankreich)
- **Dokkum:** Birthe Leemeijer (Niederlande)
- Zu sehen sind die elf auf www.friesland.nl/de/entdecken/kultur/11fountains

Der „Love-Brunnen" von Jaume Plensa steht gegenüber dem Bahnhof

Mit Kindern unterwegs

•**148 AquaZoo Friesland,** De Groene Ster 2, www.aquazoo.nl/de, unregelmäßig geöffnet, siehe Website, Eintritt: Tageskarte ab 3 Jahren 16,95 € (bei Onlinebuchung 2 € günstiger). Der AquaZoo Friesland ist – wie der Name schon andeutet – reich an Wasser: Seehunde, Seelöwen, Pinguine, Otter, Flamingos und Wasservögel tummeln sich im Nass. Genug gestaunt und Lust aufs Rumtoben? Es gibt einen großen Spielplatz mit dem größten Air-Trampolin Frieslands (20 m Durchmesser) und für die Eltern daneben ein Café mit Terrasse. Wer selbst aufs Wasser möchte, kann sich ein Ruder- oder Tretboot mieten. Neben dem AquaZoo liegt das 1000 Hektar große Freizeitgebiet De Groene Ster mit Badestrand und Badesee, Liegewiesen zum Picknicken, Wäldern sowie Rad- und Wanderwegen.

21 [II C2] **Naturmuseum (Natuurmuseum Fryslân),** im Jahr 2020 als „bestes kidsproof Museum Frieslands" ausgezeichnet (s. S. 85).

•**149 Speeltuin (Spielplatz) Vosseparkwijk,** Achlumerstraat 1a, www.vosseparkwijk.nl, geöffnet: tägl. 8–20 Uhr. Dieser Spielplatz mit einer 50 Meter großen Ritterburg aus Holz, einer Seilbahn, einem Fußballspielfeld und einem Kleinkindbereich gehört zu den schönsten Spielplätzen Frieslands.

Nachtleben

Die rund 28.000 Studierenden in Leeuwarden, die zum Teil aus dem Ausland kommen, bereichern auch das Nachtleben der Stadt. Ihre bevorzugten Ausgangsstraßen sind die Grote Hoogstraat [II C2], das Ruiterskwartier [II A–C3] und vor allem der schmale Oude Doelensteeg [II B3], in dem sich eine Pinte an die andere reiht.

Kneipen

150 [II A3] **De Markies,** Groot Schavernek 19, http://de-markies.nl, Di.-Do. 16-1, Fr., Sa. 15-2, So. 15-21 Uhr. Menno Feenstra und Michelle Beerstra schenken in ihrem gemütlichen Bierlokal (mit Terrasse) nicht nur 250 Spezialbiere aus der Flasche und 12 Biere vom Fass aus, sondern haben auch noch ihr eigenes, preisgekröntes Bier auf den Markt gebracht: Grutte Pier Trippel.

151 [II C2] **De Toeter,** Kleine Hoogstraat 2, geöffnet: Di.-So. 16-24 Uhr. Gemütliche Kneipe an der Ecke Eewal/ Kleine Hoogstraat mit acht Biersorten vom Fass. Nette Bedienungen, sonnige Terrasse, auch bei Studenten sehr beliebt.

152 [II C2] **Het Oranje Bierhuis,** Auckamastraatje 2 (Gouveneursplein), Tel. 058 2130131, www.oranjebierhuis.nl, geöffnet: Mi.-Sa. 16-22 Uhr. Die älteste Kneipe der Altstadt lockt mit einer urgemütlichen Atmosphäre, die einen in längst vergangene Zeiten zurückversetzt. Braune Holzstühle, Perserteppiche als Tischdecke (so war das früher bei den besseren Familien in Friesland!) und reichlich fließendes Bier laden zu einem *gezelligen* Kneipenabend ein.

153 [II B3] **Ouwe Stoep,** Oude Doelesteeg 6, www.ouwestoep.nl, geöffnet: tägl. 20-5 Uhr. Eine echte Studentenkneipe: klein, dunkel, immer voll und gute Musik.

154 [II C3] **Paddy O'Ryan,** Tweebaksmarkt 49, http://paddyoryan.frl, geöffnet: So.-Do. 12-1, Fr., Sa. 12-2 Uhr. Gemütlicher Irish Pub mit Terrasse. Wie es sich für einen echten irischen Pub gehört, wird Guinness-Bier ausgeschenkt, und es finden regelmäßig Livemusikabende statt (Termine auf der Website), bei denen man lautstark mitsingen darf. Auch für das leibliche Wohl ist gesorgt: Es gibt mit irischem Bier gebackenes Brot, Irish Curry, Fish Stew und Sandwiches zum Lunch.

Clubs

155 [II B3] **Bar Bascule,** Ruiterskwartier 93, www.barbascule.nl, geöffnet: Di.-So. ab 20 Uhr, Mo. 23-5 Uhr. Studenten-Disco, montags 50 % Rabatt für Studenten auf alle Getränke.

156 [II C2] **Mukkes,** Grote Hoogstraat 26, www.mukkes.nl, geöffnet: tägl. 21-3 Uhr. Eine der ältesten Kneipen der

In den nächtlichen Grachten kann man ein blaues Wunder erleben

Stadt bezeichnet sich selbst als „alternative Rock-Kneipe“. Gespielt wird (Live-)Musik, am Mittwochabend gibt es eine Jam-Session und das Bier fließt reichlich.

157 [II A3] **Neushoorn,** Ruiterskwartier 41, www.neushoorn.nl. Anlaufstelle im Zentrum für House-, Techno-, Underground-Konzerte, Clubshows, Tanzmusik und neue Talente. Zwei Konzertsäle (der größere fasst 700 Leute), drei Bars sowie Musikübungs- und Produktionsräume bieten die volle Bandbreite für alle, die gerne Musik hören oder machen. Veranstaltungen, Anfangszeiten und Preise sind auf der Website zu finden.

158 [II B3] **Scooter's,** Ruiterskwartier 61 und 63, www.cafescooters.com, geöffnet: Mi. 16–1, Do.–Sa. 16–3 Uhr. Musikkneipe mit Kerzenlicht und Fokus auf Pop- und Rockmusik. Jeden Mittwoch Pub Quiz, donnerstags Karaoke und freitags sowie samstags Livemusik.

Radfahren

Die Niederlande sind das Land der Radfahrer, und da bildet Friesland keine Ausnahme. Ein Traum für Zweiradfahrer sind die gut ausgebauten und ausgeschilderten Radwege, die größtenteils von der Straße abgetrennt sind, die eigenen Radfahrerampeln und die vielen Abstellmöglichkeiten. Fahrradparkplätze findet man in den Straßen Zaailand [II A–C3] und in der Sint Jacobsstraat [II C2].

Reisen mit Tieren

In der Stadt Leeuwarden müssen Hunde angeleint bleiben. Es gibt sog. *losloopgebieden,* in denen Hunde frei herumlaufen dürfen. Eines davon befindet sich an der Westerplantage [II A2/3] hinter dem Turm Oldehove sowie im Rengerspark [II B1]. Das Beseitigen der Hundehaufen sollte selbstverständlich sein, weitere Infos s. S. 62.

In den **Bussen der Gesellschaft Arriva** können Hunde mitfahren, sofern sie kurz angeleint sind; eine eigene Fahrkarte ist nicht notwendig. Im **Zug** dürfen Hunde kostenlos mitfahren, solange sie auf den Schoß passen. Größere Hunde benötigen eine eigene *dagkaart hond* (Hunde-Tageskarte). Sie kostet 3,30 €. Blindenhunde dürfen generell gratis mitfahren.

Stadttouren

Stadtführungen des Historischen Zentrums

Sie sind die Profis in Sachen Stadtgeschichte und kein Stein in Leeuwarden ist ihnen unbekannt. Niederländische Stadtführungen vom **Historisch Centrum Leeuwarden (HCL)** werden jeden Samstag und Sonntag angeboten. Führungen in deutscher Sprache sind nur für ganze Gruppen zu buchen. Auf der Website stehen englischsprachige Routenführungen („self-guided walks“) im PDF-Format zum Download bereit.

› https://historischcentrumleeuwarden.nl/english

Leeuwarden Free Tour

Jeden Samstag um 14 Uhr starten von lokalen Guides geführte Leeuwarden-Rundgänge in deutscher Sprache. Die Teilnahme ist kostenlos, allerdings hoffen die Stadtführer auf einen freiwilligen Beitrag am Ende der Tour. Man kann sich über die deutschsprachige Website von „A Guide To Leeuwarden“ anmelden. Die Tour startet am Oldehoofsterkerkhof [II A/B2] neben dem Leeuwarden Visitor Center (s. S. 110).

003gr-ug

› **Leeuwarden Free Tour,** Nieuwestad 148, Tel. 06 15314728, www.aguidetoleeuwarden.nl/de, Dauer: 1½ Std.

Mit dem Boot

Typisch für Leeuwarden ist die Stadterkundung mit einer Prahmfähre, die von einem Elektromotor angetrieben wird. Das Ganze wird **Praamvaren** genannt. Die Tour führt durch die historischen Grachten, wobei viel über die Stadtgeschichte erzählt wird. Getragen wird die Stiftung Praamvaren von rund 85 Ehrenamtlichen. Ein Prahm ist ein flaches Boot, mit dem früher die Erzeugnisse vom Land in die Stadt auf den Markt gebracht wurden. Weil das Boot so lang, schmal und flach ist, eignet es sich hervorragend für Fahrten durch die Leeuwardener Grachten, und Praamvaren gehört sicherlich zu den schönsten Leeuwarden-Sightseeingtouren. Es ist ein besonderer Anblick, wenn man aus der Tiefe der Kanäle nach oben auf die schönen **historischen Giebel** der Grachtenhäuser schaut. Die rund 1 Stunde dauernde Prinsentuinroute ist die Standardroute, die durch die Grachten der Stadt führt. Die Erläuterungen erfolgen in niederländischer Sprache. Sind genügend Deutsche an Bord, wird auch übersetzt. Die Fahrkarten werden online (nur Niederländisch) oder im Laden in der Kleine Kerkstraat 5 verkauft. Fahrtzeiten stehen auf der Website (im Sommer ungefähr halb-/dreiviertelstündig).

•**159** [II B3] **Praamvaren Leeuwarden,** Gracht Nieuwestad gegenüber Buchladen Van der Velde, Tel. 058 2132360, www.rondvaarten-leeuwarden.nl, geöffnet: Mitte April bis Ende Oktober Di.–Sa. Kosten: Prinsentuinroute (rund 60 Min.) 5 € p. P. Wer Niederländisch spricht, kann die Grachten in einem Boot mit „second screen" durchfahren. Auf einem Bildschirm werden historische Fotos der Stadt gezeigt, begleitet von einem niederländischen Audioguide (https://praamverhuurleeuwarden.nl, 15 €).

•**160** [II B2] **Tickets Praamvaren Leeuwarden,** Kleine Kerkstraat 5, geöffnet: immer ab 30 Min. vor der ersten Abfahrt

Mit dem Bummelzug

Ein blau-gelber **City Train** transportiert Touristen im Rahmen einer

⊼ *Während einer Praamvaart kann man entspannt die Stadt erkunden*

Leeuwarden preiswert

- **Stadtführungen:** Jeden Samstag um 14 Uhr bietet A Guide To Leeuwarden eine Gratistour in deutscher Sprache an (s. S. 116).
- **Museum De Grutterswinkel** 23: Der urige Tante-Emma-Laden und der Museumshafen sind kostenlos zugänglich.
- **Parken:** Auf dem sog. Transferium Kalverdijkje kann man gratis parken (s. S. 100). Die Busfahrt ins Leeuwardener Zentrum kostet hin und zurück lediglich 1 €.
- **Stadtgeschichte:** Im Historisch Zentrum erfahren Besucher eine Menge über die Geschichte der Stadt. Der Zugang ist kostenlos. Weitere Infos auf S. 82.
- **Günstig einkaufen:** Badehose oder Pyjama vergessen? Bei Hema gibt es günstige und schön designte Produkte – von Kleidung über Snacks und Haushaltswaren bis zu Kosmetik und Schreibwaren (s. S. 102).

Sightseeingtour quer durch die Stadt. Der Startpunkt ist beim Love-Brunnen vor dem Bahnhof [II B4]. Tickets gibt es im Zug oder im Visitor Center (s. S. 110).

- https://citytrainleeuwarden.nl, Ticket 8 €, Kinder 4–12 Jahre 4 €

Theater und Konzerte

161 [II C2] **Kleintheater De vier Pelikanen,** Tweebaksmarkt 48, www.devierpelikanen.nl. Kleinstes Jugendstiltheater Europas, das für Ausstellungen, Konzerte, Cabaret, Kindertheater, High Teas etc. genutzt wird.

162 [II A3] **Stadsschouwburg De Harmonie,** Ruiterskwartier 4, www.harmonie.nl. In dem modernen Gebäude an der Wester Stadsgracht werden Theaterstücke, aber auch klassische Konzerte sowie Tanztheater-Aufführungen von Gastensembles gegeben.

Unterkunft

In Leeuwarden muss die *toeristenbelasting,* eine Touristensteuer, abgeführt werden. Sie beträgt 1 € pro Kopf und Nacht.

Hotels

163 [II B2] **Boutiquehotel Catshuis** €€, Nieuwestad 49, www.catshuisleeuwarden.nl. **Mix aus Moderne und Tradition in allerbester Lage:** Zentraler geht es nicht – direkt an der Gracht Nieuwestad zwischen den Terrassen der Restaurants und den Anlegern der Rundfahrtboote steht ein historisches, stattliches Herrenhaus, einst das größte Privathaus der Stadt. Die hübsch eingerichteten Zimmer verfügen über Klimaanlage, Nespresso-Apparat und Wasserkocher. Zum Hotel gehört das Grand Café Fire, in dem die Gäste frühstücken, aber auch zu Mittag und Abend essen können.

164 [II B4] **Hotel Oranje** €€, Stationsweg 4, www.oranjehotelleeuwarden.com. **Stilvolles Haus in Bahnhofsnähe:** Das Hotel Oranje gehört zur Hampshire-Gruppe, die fast in jeder niederländischen Stadt kleine, individuelle Hotels unterhält. Das Leeuwardener Hotel ist seit 1879 ein bekanntes Stadthotel, das sich seinen historischen Charme bewahren konnte: Wintergarten, offener Kamin und Art-déco-Speisesaal. Die Zimmer jedoch sind modern eingerich-

Vom Bett aus die Wasservögel beobachten: WeidumerHout (s. S. 120)

tet und verfügen über Kaffeemaschine und Wasserkocher. Für Familien gibt es Vierpersonenzimmer.

› **Post Plaza** €€, Tweebaksmarkt 25–27, www.post-plaza.nl. **Moderner Komfort in historischen Gemäuern:** In einem ehemaligen Post- sowie einem Bankgebäude hat sich dieses Vier-Sterne-Hotel mit über 80 Zimmern eingerichtet. Einige Zimmer liegen oberhalb des schönen Restaurants im historischen Postgebäude (s. S. 106). Teilweise haben die Zimmer eine Gewölbedecke und sind mit Antiquitäten eingerichtet. Ein praktisches Extra sind die Kaffeemaschine und der Wasserkocher auf dem Zimmer. Nicht alle Zimmer haben einen Schreibtisch, doch man kann prima im Grand Café sitzen. Hier wird im Übrigen auch das reichhaltige Frühstück serviert. Erstklassig ist – neben dem Personal – auch die Lage: im Zentrum, am Rande der Fußgängerzone und dennoch ruhig.

165 [II B2] **Stadhouderlijk Hof** €€, Hofplein 29, www.hotelstadhouderlijkhof.nl. **Im Palast speisen und übernachten:** Der Stadtpalast war bis in die 1970er-Jahre im Besitz der Königsfamilie. Hier wohnten im 16. Jahrhundert die Statthalter, die Vertreter des Königs. Noch immer ist in den repräsentativen Räumen im Erdgeschoss die Pracht eines Adelshauses zu finden, doch durch die – relativ großen – Gästezimmer des zur Fletcher-Gruppe gehörenden Hotels weht eher das Flair der 1980er-Jahre. Das Hotel verfügt über Restaurant, Garten, Terrasse und Fahrradverleih.

Preiskategorien Hotels

Die folgenden Preiskategorien beziehen sich auf ein Doppelzimmer pro Nacht:

€	bis 80 €
€€	80–120 €
€€€	120–160 €
€€€€	ab 160 €

166 [II B1] **Notiz Hotel** €, Rengerslaan 8, www.notizhotel.com. **Modernes Haus, geführt von Studenten der Hotelfachschule:** Außerhalb des Grachtengürtels am Rengerspark gelegen, doch nur ein paar Gehminuten vom Zentrum entfernt, gehört das Hotel zu den beliebtesten Unterkünften in Leeuwarden, was nicht zuletzt an dem äußerst netten und bemühten Personal liegt. Kein Wunder, denn das Hotel wird von jungen Studenten der Internationalen Hotelfachschule Leeuwarden geführt. Weitere Pluspunkte: kostenfreier Parkplatz, bequeme Auping-Betten, eigenes Restaurant (Wannee, s. S. 105) und schöne Zimmer.

167 Van der Valk Hotel Leeuwarden €€, Lynbaan 35, www.hotelleeuwarden.nl. **Hotelkomplex an der Autobahn:** Es ist Geschmackssache, ob man in einem Hotel mit direkter Autobahnlage übernachten möchte. Als Pluspunkte könnte man die Gratisparkplätze und die – angeblich – besten Hotelbetten

gn-rg690

der Stadt anführen. Außerdem muss man das Hotel für gutes Essen nicht verlassen: Es gibt ein Restaurant mit Live-Cooking.

168 **WeidumerHout** €€, Dekemawei 9, Weidum, Tel. 058 2519888, www.weidumerhout.nl. **Rooms with a view:** Rechteckige Holzbauten stehen auf der grünen Wiese und bieten einen fantastischen Weitblick. Die Holzbauten sind so ausgerichtet, dass man vom Bett aus nach draußen schauen und sogar den Sonnenuntergang sehen kann. Das Gelände, auf dem die zehn Wiesen-Hotelzimmer stehen, ist derart weitläufig, dass man ungestört bleibt. Zur Ausstattung: Neben dem bequemen Doppelbett mit Bio-Bettwäsche gibt es einen kleinen Schreibtisch, zwei Sitzgelegenheiten drinnen und zwei draußen, Kühlschrank, Kaffeemaschine und ein Badezimmer mit Dusche. Das Frühstück wird in der ehemaligen Scheune des Bauernhauses serviert, in dem man im Übrigen auch hervorragend zu Abend essen kann (s. S. 107).

169 **WestCord WTC Hotel Leeuwarden** €€, Heliconweg 52, www.westcordhotels.de/hotel/wtc-hotel-leeuwarden. **Vier Sterne am Stadtrand:** Zugegeben, das WTC Hotel liegt etwas außerhalb der Altstadt (rund 20 Minuten zu Fuß bis zum Turm Oldehove). Komfortable, modern eingerichtete Doppelzimmer mit großzügigen 32 m², Regendusche und Kaffeemaschine. Im elften Stock des Hochhauses befindet sich das Restaurant Élevé.

Hostel

170 [II D3] **Alibi Hostel** €, Blokhuisplein 40, http://alibihostel.nl. **Schlafen im Knast:** Als das frühere Leeuwardener Gefängnis aufgegeben wurde, sahen die vier Freunde Sjors, Peter, Jurrien und Marieke ihre Chance. Aus einem Teil der Zellen machten sie ein Hostel. So schläft man heute hinter Gittern und dicken Gefängnistüren. Die Gästezimmer sind einfach eingerichtet, aber einige der Zellen verfügen über ein eigenes, modernes Bad. Die anderen Zimmer teilen sich ein Bad, was die Übernachtung natürlich günstiger macht (ab 65 € für ein Doppelzimmer). Es gibt auch zwei Familienzimmer für vier Personen mit Stockbetten und einen Schlafsaal mit 17 Betten. Die Atmosphäre des Hostels ist klasse: cooles Industriedesign, engagierte junge Mitarbeiter, Aufenthaltsraum und kleine Küche. Im Nachbargebäude liegen die Restaurants Bajes und Proefverlof (s. S. 105, S. 108).

071gr-ug

Ferienwohnungen

171 [II B2] **City Guesthouse de Rozenboom** €€, Grote Kerkstraat 8, https://sterlogiesleeuwarden.nl/city-guesthouse-de-rozenboom. **Übernachten mit viel Stil:** Insgesamt fünf Unterkünfte führt das Unternehmen Sterlogies in Leeuwarden. „De Rozenboom" für zwei Erwachsene (und ein Baby) gegenüber vom Keramiekmuseum ist ein historisches Stadthaus, dessen 120 m² sich über drei Etagen erstrecken. Allen Wohnungen gemeinsam ist eine äußerst stil- und geschmackvolle Einrichtung – wie aus einem Wohnmagazin!

Bed & Breakfast

172 **De Hedera** €, Goudenregenstraat 1c, Tel. 06 53772431, www.dehedera.nl. **Schlafen in Blumen:** Über fünf nach Pflanzen benannte Zimmer verfügt dieses B&B: Jasmin, Hortensie, Lavendel, Rose und Ranke. Der Straßenname passt hervorragend zu den Blumenzimmern: Goldregen.

Verkehrsmittel

Die Altstadt von Leeuwarden wird sternförmig von einer Gracht umgeben. Innerhalb dieser Gracht befinden sich die meisten Sehenswürdigkeiten wie das Fries Museum 26 und der Turm Oldehove 17. Letzterer steht ganz im Westen der Altstadt nahe der Wester Stadsgracht.

Möchte man vom Oldehove zum östlichen Ende der Altstadt (Oostergrachtswal) gelangen, dann legt man nur rund einen Kilometer zurück und benötigt dafür zu Fuß gerade einmal eine Viertelstunde. Deutlich wird: Man braucht im historischen Zentrum von Leeuwarden weder Taxi noch Bus, es sei denn vielleicht, man muss einen schweren Koffer zum Hotel schleppen.

Bus

In Leeuwarden und ganz Friesland fährt die Busgesellschaft Arriva. Auf der Website ist das sog. *busboekje* („Busbüchlein") mit allen Fahrzeiten und Busstrecken in Friesland online einsehbar. Zudem kann man unter „Reisplanner" Start- und Zielort eingeben. Man kann entweder direkt beim Busfahrer bezahlen (ab 2 €, nur Kartenzahlung) oder mit Debitkarte, Kreditkarte oder Mobile Payment am Automaten ein- und auschecken. Von Leeuwarden aus fährt der Bus eine Reihe von friesischen Orten an, u. a. Heerenveen, Holwerd und Harlingen (am Wattenmeer), Dokkum, Bolsward und Sneek.

› www.arriva.nl

Taxi

Man kann vor Fahrtbeginn auch einen festen Preis mit dem Taxifahrer absprechen. Ansonsten fallen die vom Taxameter berechneten Kosten an, die sich wie folgt zusammensetzen: Der Starttarif für eine Fahrt mit max. vier Personen beträgt 2,83 €, dann kommen 1,95 € für jeden gefahrenen Kilometer hinzu. Die meisten Anbieter haben auch einen Taxi-Bus für kleinere Gruppen. In einigen Taxen, z. B. in denen von Taxi Jelle, kann man mit Debit- oder Kreditkarte bezahlen.

Unter den folgenden Telefonnummern sind Leeuwarder Taxi-Unternehmen erreichbar:

› **Maxi Taxi:** Tel. 06 24622624
› **Taxi Friesland/Leeuwarden:** Tel. 0512 368041
› **Taxi Jelle:** Tel. 06 45554555

Wie wär's mit einer Nacht hinter Gittern? Im Alibi Hostel ist das möglich.

070gr-ug

› **Taxicentrale L. Wolters:** Tel. 0512 518000
› **Taxicentrale E-Taks:** Tel. 058 8443656

Weitere Adressen

Apotheken

Im Gegensatz zu Deutschland findet man in den niederländischen Apotheken so gut wie keine Kosmetikprodukte, Säfte oder Lutschbonbons. Diese kann man – meist viel günstiger – auch bei Hema (s. S. 102) oder in den Drogerien wie Etos (Nieuwestad 130) kaufen. Bei Letzerem bekommt man alles gegen Grippe, Magenbeschwerden, Kopfschmerzen etc. Verschreibungspflichtige Medikamente gibt es nur in Apotheken.

173 [II D2] **Alphega Apotheek Centraal,** Voorstreek 58, Tel. 058 2135255, www.alphega-apotheek.nl/web/centraalapotheek, geöffnet: Mo.–Fr. 8.30–18 Uhr. In dem hübschen, gelben Jugendstilbau an der Gracht Voorstreek werden Medikamente, Vitamine und Salben verkauft. Schon seit 1904 wird das Gebäude ausschließlich als Apotheke genutzt.

› **Notfall-Apotheke (spoedapotheek) Medisch Centrum Leeuwarden,** Henri Dunantweg 2, Tel. 058 2866666, Nähe Haupteingang des Krankenhauses (s. rechts), tägl. 8–21 Uhr

Krankenhaus

174 **Medisch Centrum Leeuwarden,** Henri Dunantweg 2, Tel. 058 2866666. Ein Krankenhaus heißt im Niederländischen „ziekenhuis" und ein solches befindet sich südlich der Altstadt von Leeuwarden. Man kann den Parkplatz nutzen (20–60 Minuten 1,50 €, 60–90 Minuten 2,50 €) oder den Bus nehmen (auf dem Krankenhausgelände befindet sich eine Bushaltestelle namens MCL Leeuwarden, Busse 2, 5, 15, 502).

Polizei

175 **Politie Leeuwarden,** Holstmeerweg 3, Tel. 8844, www.politie.nl, geöffnet: Mo.–Fr. 9–17 Uhr

Post

Ein echtes Postamt *(postkantoor)* gibt es in den Niederlanden nur noch selten. Oftmals haben Supermärkte, Buchhandlungen oder Kioske einen Postschalter in ihrem Geschäft, so wie das auch beim AKO-Buchladen im Bahnhof von Leeuwarden der Fall ist:

176 [II B4] **Post NL,** Stationsplein 2 (direkt am Bahnhof), Tel. 0900 0990, Mo.–Fr. 6.30–20, Sa. 7–19, So. 10–19 Uhr

Jugendstil auf Rezept: Alphega Apotheek Centraal

PRAKTISCHE REISETIPPS

076gr-ug

Autofahren in den Niederlanden

Die Niederlande gehören aus dem einfachen Grund, dass es zu viele Autos auf zu wenigen Straßen gibt, nicht unbedingt zu den autofreundlichsten Regionen Europas. Ein paar Tipps:

- **Staus** am Morgen und am Abend sind vorprogrammiert und wer kann, sollte die Zeiten meiden, während der Arbeitnehmer unterwegs sind.
- **Höchstgeschwindigkeiten:** Autobahn 100/120/130 km/h (je nach Strecke und Uhrzeit), Schnellstraße 100 km/h, Landstraße 80 km/h, Ortschaften 30–50 km/h. Es gibt viele Radarkontrollen.
- Die **Promillegrenze** in den Niederlanden liegt bei 0,5. Alkoholkontrollen werden des Öfteren durchgeführt.
- In die Städte nimmt man das Auto am besten nicht mit – entweder man nutzt einen **P+R-Platz** oder ein Parkhaus am Stadtrand.
- Die **Preise fürs Parken** sind mit denen in deutschen Großstädten vergleichbar. Bitte beachten: Parkt man an der Straße, dann sollte man sich akribisch an die Parkdauer auf dem am Automaten gezogenen Parkschein halten, denn sonst wird es teuer (bis zu 90 Euro Strafe, auch für wenige Minuten Überziehung).
- An den **Parkautomaten** in den Niederlanden wird häufig **kein Bargeld** mehr angenommen.
- Die **Verkehrszeichen** entsprechen denen in Deutschland.
- Die niederländische Variante des deutschen ADAC ist der **ANWB** (www.anwb.nl).

Vorseite: Schiff mit der Flagge Frieslands, die Seerosen-Blätter – keine Herzen – abbildet

Essen und Trinken

Die Zeiten, in denen die niederländische Küche hauptsächlich aus *stamppot* (Kartoffelbrei mit Gemüse) und *erwtensoep* (Erbsensuppe) bestand, sind glücklicherweise vorbei. Inzwischen findet man gehobene Gastronomie ebenso wie internationale Küche, wobei **indonesische Gerichte** (Indonesien war niederländische Kolonie) eine herausragende Rolle spielen. Saté-Spieße (Hähnchen- oder Schweinefleisch) mit Erdnusssauce und Pommes frites stehen fast immer auf der Speisekarte eines niederländischen Restaurants der mittleren Preisklasse.

Anders als in vielen europäischen Nachbarländern essen die Niederländer zu Mittag nur ein **broodje**, ein belegtes Brötchen, das aber durchaus opulent sein kann und beispielweise mit Kroketten, warmem Fleisch, Ziegenkäse, Thunfischsalat oder Carpaccio belegt ist. Außerdem gibt es mittags Suppe und Salat, gerne trinken Niederländer dazu *karnemelk* (But-

073gr-ug

074gr-ug

termilch). Am Abend, in der Regel Punkt 18 Uhr, gibt es zu Hause das Abendessen, das aus einer warmen Mahlzeit besteht. Auch in den Restaurants findet man eher am Abend warme Speisen und Drei-Gänge-Menüs. Wer sparen möchte, fragt nach dem Tagesgericht, dem *daghap*. Das Essen beenden die Niederländer mit einem *kopje koffie of thee* – einer Tasse Kaffee oder Tee.

Übrigens: Das **Trinkgeld** ist in der Rechnung bereits inbegriffen, dennoch wird ein weiterer Obolus von 5–10 % erwartet.

Geldfragen

Die Preise in den niederländischen Restaurants und **Hotels** entsprechen denen in deutschen Großstädten, sind also meist etwas höher als in den meisten Teilen Deutschlands. Für ein **Hauptgericht** am Abend fallen um die 20 € an, in besseren Restaurants auch weit darüber.

Es wird so gut wie alles **bargeldlos bezahlt**, auch Kleinstbeträge. Im Bus beispielsweise kann man gar nicht mehr mit Bargeld zahlen, das Gleiche gilt für viele Geschäfte. 1- und 2-Cent-Münzen werden in den Geschäften überhaupt nicht angenommen oder ausgegeben.

Wer häufiger in die Niederlande fährt, sollte über die Anschaffung einer **OV-chipkaart** oder einer **Museumkaart** nachdenken. Erstere kostet einmalig 7,50 €, danach lädt man ein beliebiges Guthaben auf die Karte (Gültigkeit fünf Jahre). So werden Bahn- und Busfahrten um einiges günstiger (erhältlich am Bahnhof). Die **Museumkaart** kostet rund 65 € und ermöglicht dem Karteninhaber ein Jahr lang den kostenlosen Zutritt zu rund 400 Museen im ganzen Land.

Informationsquellen

› **www.holland.com:** umfangreiche und informative Website des niederländischen Tourismusverbandes mit allen Regionen und Städten, Buchungsmög-

△ *Friesische Spezialität: Oranjekoek von Salverda (s. S. 102)*

◁ *Buntes Parken am Ossenmarkt in Groningen (s. S. 43)*

lichkeiten für Unterkünfte sowie Tipps für die Reise durch das Land.

- **www.ns.nl:** Die Website für den niederländischen Zugverkehr wird auch in englischer Sprache angeboten.

LGBT+

Groningen

Queeres Leben ist in Groningen mittlerweile so weit in der Mitte der Gesellschaft angekommen, dass keine zielgruppenspezifischen Bars mehr nötig sind und Menschen jeder Couleur in Open-Minded-Bars zusammenkommen.

177 [I B4] **Dorothy's Drag Bar,** Pottebakkersrijge 2, www.dorothysdrag.com, geöffnet: Do. 18–1, Fr. 18–2, Sa. 18–open end, So. 15–24 Uhr. Showbar mit Drag-Queen-Auftritten und anderen Events. Absolut jeder ist willkommen, solange man sich gegenseitig respektiert.

178 [I C3] **Café de Prins,** Zwanestraat 3, www.cafedeprins.nl, geöffnet: Di.–Do. 15–2, Fr. 15–3, Sa. 15–4, So. 15–24 Uhr. Eröffnet im Jahr 2017, wurde die Kneipe mit ihrem modernen Design schnell zu einem Hotspot für die LGBT-Community von Groningen und für jeden, der sich in der entspannten Atmosphäre von „De Prins" wohlfühlt.

Leeuwarden

179 [II C2] **Bubbles Leeuwarden,** Klokstraat 19, geöffnet: Mi.–Sa. 21–5 Uhr. Nach eigenen Angaben „weltberühmt in ganz Leeuwarden" und die einzige Gay-Kneipe der Stadt.

☒ *Friesisch ist als eigene Sprache anerkannt*

Medizinische Versorgung

Benötigt man in den Niederlanden einen Arzt, so begibt man sich auf die Suche nach einem Hausarzt *(huisarts).* Dieser verweist einen – falls notwendig – weiter an den Facharzt, dessen Praxis *(praktijk)* in der Regel an ein Krankenhaus *(ziekenhuis)* angegliedert ist. Für einen Besuch bei einem Hausarzt braucht man eine **Europäische Krankenversicherungskarte,** die die meisten Versicherten bei sich tragen, da sie hinten auf der Gesundheitskarte aufgedruckt ist.

Viele **Medikamente** gibt es günstig in den Drogerien.

Notfälle

Bei einem medizinischen Notfall wendet man sich an die **Spoedeisende Hulp (Notfallversorgung)** im Krankenhaus, die rund um die Uhr geöffnet ist.

- **Notrufnummer:** 112
- **Polizei (kein Notfall):** 0900 8844

Kartensperrung

Bei **Verlust der Debit-/Giro-, Kredit- oder SIM-Karte** gibt es für Kartensperrungen eine **deutsche Zentralnummer** (unbedingt vor der Reise klären, ob die eigene Bank bzw. der jeweilige Mobilfunkanbieter diesem Notrufsystem angeschlossen ist). **Aber Achtung:** Mit der telefonischen Sperrung sind die Bezahlkarten zwar für die Bezahlung/Geldabhebung mit der PIN gesperrt, nicht jedoch für das **Lastschriftverfahren mit Unterschrift.** Man sollte daher auf jeden Fall den Verlust zusätzlich **bei der Polizei zur**

Anzeige bringen, um gegebenenfalls auftretende Ansprüche zurückweisen zu können.

In **Österreich** und der **Schweiz** gibt es keine zentrale Sperrnummer, daher sollten sich Besitzer von in diesen Ländern ausgestellten Debit- oder Kreditkarten vor der Abreise bei ihrem Kreditinstitut über den zuständigen Sperrnotruf informieren.

Generell sollte man sich immer die **wichtigsten Daten** wie Kartennummer und Ausstellungsdatum **separat notieren,** da diese unter Umständen abgefragt werden.

- **Deutscher Sperrnotruf:** Tel. +49 116116 oder Tel. +49 3040504050
- **Weitere Infos:** www.kartensicherheit.de, www.sperr-notruf.de

Öffnungszeiten

- Montagmorgens sind die **Geschäfte** in den Niederlanden geschlossen (Ausnahme: Supermärkte).
- Montagabends haben viele **Restaurants** geschlossen.
- **Museen** sind montags den ganzen Tag über geschlossen.
- Am Donnerstagabend hat der **Einzelhandel** teilweise noch bis 21 Uhr geöffnet.
- Die meisten **Geschäfte im Zentrum** sind sonntagnachmittags zwischen 13 und 17 Uhr geöffnet.

Sprache

Durch die Nähe zu Deutschland spricht man – zumindest in Groningen – in der Regel gut Deutsch, auch viele Broschüren und Informationen in Museen existieren in deutscher Sprache.

Wer sich intensiver mit dem Niederländischen auseinandersetzen und zumindest die wichtigsten Ausdrücke und Redewendungen erlernen möchte, der findet im Anhang dieses Buches einen kleinen Sprachführer. Außerdem ist im Reise Know-How Verlag der Kauderwelsch-Band „Niederländisch – Wort für Wort" erschienen.

075gr-ug

Telefonieren

In der EU gibt es keine Roaminggebühren mehr. Das Telefonieren und Surfen mit dem Handy (niederl. *mobieltje)* ist im EU-Ausland so günstig wie zu Hause – es sei denn, man nutzt das Handy im Ausland über einen längeren Zeitraum hinweg, dann können je nach Anbieter Nutzungsobergrenzen gelten.

Die Orts- bzw. Handyvorwahl ist in diesem Buch immer mitangegeben. Nutzt man die Ländervorwahl, muss die führende Null der Orts- oder Handyvorwahl weggelassen werden.

Vorwahlen

- **Niederlande:** +31
- **Groningen:** 050
- **Leeuwarden:** 058
- **Handy-Vorwahl in den Niederlanden:** 06
- **Deutschland:** +49
- **Österreich:** +43
- **Schweiz:** +41

Wetter und Reisezeit

Eine Reise in den niederländischen Norden ist zu jeder Jahreszeit empfehlenswert, wobei natürlich der Sommer mehr Möglichkeiten zum Genießen der vielen Straßencafés und Restaurants am Wasser bietet. Die Temperaturen und Wetterbedingungen entsprechen ungefähr denjenigen in Norddeutschland. Das bedeutet, dass ein vom Meer beeinflusstes Klima mit kühlen Sommern und milden Wintern herrscht. Schnee fällt eher selten und die Temperaturen im Winter rutschen kaum noch für eine längere Zeit unter den Gefrierpunkt – sehr zum Leidwesen der schlittschuhbegeisterten Friesen und Groninger, die seit über 25 Jahren vergeblich auf die nächste Elfstedentocht (s. S. 71) warten. Die Durchschnittstemperaturen liegen in Groningen und Leeuwarden im August bei rund 21 °C, im Januar bei 5 °C.

Auf dem Weg zum Universiteitsmuseum 6 ehren Wandmalereien Jacobus Cornelius Kapteyn (1851–1922), den ersten Professor für Astronomie an der Uni Groningen

Durchschnitt	Wetter in Groningen											
Maximale Temperatur	5°	6°	9°	14°	17°	20°	22°	22°	18°	14°	9°	6°
Minimale Temperatur	0°	0°	1°	4°	7°	10°	12°	12°	9°	6°	3°	1°
Regentage	13	9	12	10	11	11	11	11	11	11	14	14
	Jan	Febr	März	Apr	Mai	Juni	Juli	Aug	Sept	Okt	Nov	Dez

ANHANG

Kleine Sprachhilfe Niederländisch

Die folgenden Wörter und Redewendungen wurden dem Reisesprachführer „Niederländisch – Wort für Wort" (Kauderwelsch-Band 66) aus dem Reise Know-How Verlag entnommen und sollen dem Leser eine erste kurze Einführung in die niederländische Sprache bieten.

Aussprache

Die folgenden Buchstaben(kombinationen) werden anders als im Deutschen ausgesprochen. Die zweite Spalte gibt die Lautschrift wieder.

ch, g	ch	raues „ch" wie in „lachen"
g	sh	bei französ. Wörtern vor e, i, y wie zweites „g" in „Garage"
ng	ng	„ng" wie im Deutschen „bringen"
e	è	kurzes „e" wie in „bitte"
ei, ij	äj	wie „ey"
eu	öö	wie ein langes „ö"
oe	u	kurzes „u" wie in „Bus"
ou	au	wie „au" in „Maus"
s	ß	stimmloses „s" wie in „Bus"
sch	ßch	wie „ß" und dann „ch" in „Häuschen" (kein deutsches „sch")
sj	sch	deutsches „sch" wie in „Schule"
tj	tch	zwischen „tch" und „tj" wie in „Kärtchen"
u	üü	langes „ü" wie in „Mühe", oder:
	ö	kurzer Laut zwischen „i" und „ö"
ui	öi	etwa wie „öi" in „Feuilleton"
v	v	zwischen „f" und „w"
z	s	stimmhaftes „s" wie in „Rose"

Am Wortende gibt es folgende Besonderheiten:

-b	-p	wie „p"
-d	-t	wie „t"
-ig	-èch	„ech" mit weichem „ch" (kein „ä")
-isch	-ieß	„ieß" (mit langem „i")
-n		wird manchmal verschluckt
-lijk	-lèk	„lek", klingt fast wie „lök"
-tie	-zie	„zie" (mit langem „i")

Häufig gebrauchte Wörter und Redewendungen

Wochentage

maandag	maandach	Montag
dinsdag	dinßdach	Dienstag
woensdag	wunßdach	Mittwoch
donderdag	dondèrdach	Donnerstag
vrijdag	vräjdach	Freitag
zaterdag	saatèrdach	Samstag
zondag	sonndach	Sonntag

Zahlen

0	*nul*	nöll
1	*een*	een
2	*twee*	twee
3	*drie*	drie
4	*vier*	vier
5	*vijf*	väjf
6	*zes*	säß
7	*zeven*	seevèn
8	*acht*	acht
9	*negen*	neechèn
10	*tien*	tien
11	*elf*	älf
12	*twaalf*	twaalf
13	*dertien*	därrtien
14	*veertien*	veertien
15	*vijftien*	väjftien
16	*zestien*	säßtien
17	*zeventien*	seevèntien
18	*achtien*	achtien
19	*negentien*	neechèntien
20	*twintig*	twintich
21	*eenentwintig*	eenèntwintich

30	*dertig*	därrtich	102	*honderdtwee*	hondèrdtwee (usw.)
40	*veertig*	veertich			
50	*vijftig*	väjftich	200	*tweehonderd*	tweehondèrd
60	*zestig*	säßtich	300	*driehonderd*	driehondèrd
80	*tachtig*	tachtich	1000	*duizend*	döisènd
90	*negentig*	neechèntich	2000	*tweeduizend*	tweedöisènd
100	*honderd*	hondèrd	10.000	*tienduizend*	tiendöisènd
101	*honderdeen*	hondèrdeen	1.000.000	*een miljoen*	een milljunn

Die wichtigsten Fragewörter

welke?	wällkè	welches?
wat voor een?	wat voor een	was für ein?
waar?	waar	wo?
waarvandaan?	waarvanndaan	woher?
waarnaartoe?	waarnaatu	wohin?
waarom?	waaromm	warum?
hoe?	hu	wie?
hoeveel?	huveel	wie viel?
wanneer?	wanneer	wann?
waarmee?	waarmee	womit?

Die wichtigsten Richtungsangaben

(naar) rechts/links	naar rächtß/linkß	(nach) rechts/links
rechtdoor	rächtdoor	geradeaus
terug	tèröch	zurück
tegenover	teechènoovèr	gegenüber
tussen	tößèn	zwischen
voor – achter	voor – achtèr	vor(ne) – hinten/-r
over – onder	oovèr – onndèr	über – unter
hier – daar	hier – daar	hier – dort
ver – dichtbij	värr – dichtbäj	weit – nah
buiten	böitèn	außerhalb
in het centrum	in hèt ßäntröm	im Zentrum
om de hoek	om dè huk	um die Ecke

Die wichtigsten Zeitangaben

(over)morgen	(oovèr)morchèn	(über)morgen
's morgens	ßmorchènß	morgens
's middags	ßmiddachß	mittags
's avonds	ßavèndß	abends
dagelijks	daachèlèkß	täglich
eerder – later	eerdèr – laatèr	früher – später
nou, nu – gauw	nau, nü – chauw	jetzt – bald

Die wichtigsten Fragen

Wat is dat? wat iß dat	Was ist das?
Kunt u me vertellen ...? könnt ü mè vèrtällèn	Können Sie mir sagen ...?
Is er ...? - Heeft u ...? iß èr - heeft ü	Gibt es ...? - Haben Sie ...?
Ik wou graag ... ik wau chraach	Ich hätte gerne ...
Ik zoek ... - Ik neem ... ik suk - ik neem	Ich suche ... - Ich nehme ...
Waar vind ik ...? waar vind ik	Wo finde ich ...?
Ik heb ... nodig. ik häp noodich	Ich brauche ...
Waar kan ik ... kopen? waar kann ik ... koopèn	Wo kann ich ... kaufen?
Kunt u me ... geven? könnt ü mè ... cheevèn	Können Sie mir ... geben?
Hoeveel kost dat? huveel koßt dat	Wie viel kostet das?
Waar is ...? waar iß	Wo ist ...?
Hoe kom ik naar ...? hu komm ik naar	Wie komme ich nach ...?
Hoeveel kost de rit naar ...? huveel koßt dè rit naar	Wie viel kostet die Fahrt nach ...?
Ik wil graag naar ... ik will chraach naar	Ich möchte nach ... (Taxi)
Hoe lang duurt ...? hu lang düürt	Wie lange dauert ...?

Nichts verstanden? – Weiterlernen!

Ich spreche kaum Niederländisch.	*Ik spreek bijna geen Nederlands.* ik ßpreek bäjna cheen needèrlandß
Wie bitte? (geduzt/gesiezt)	*Wat zeg je/zegt u?* wat säch jè/sächt ü
Ich habe dich/Sie nicht verstanden.	*Ik heb je/u niet verstaan.* ik häp jè/ü niet vèrßtaan
Sprichst du/sprechen Sie Englisch/ Deutsch?	*Spreek jij/spreekt u Engels/Duits?* ßpreek jäj/ßpreekt ü ängelß/döitß
Was heißt ... auf Niederländisch/ Deutsch?	*Wat is ... in het Nederlands/Duits?* wat iß ... in hèt needèrlandß/döitß
Kannst du/können Sie das wiederholen?	*Kun je/Kunt u dat nog een keer zeggen?* könn jè/könnt ü dat noch een keer sächèn

Könnten Sie etwas langsamer sprechen?	*Zou u iets langzamer kunnen spreken?* sau ü ietß langsaamèr können ßpreekè
Was bedeutet dieses Wort?	*Kunt u me vertellen wat dit woord betekent?* könnt ü mè vèrtällèn wat dit woord bèteekènt
Wie spricht man dieses Wort aus?	*Hoe spreekt u dit woord uit?* hu ßpreekt ü dit woord öit
Können Sie mir das bitte aufschreiben?	*Wilt u mij dat alstublieft opschrijven?* willt ü mäj dat aßtüblieft opßchräjvèn

Die wichtigsten Floskeln und Redewendungen

ja – nee jaa – nee	ja – nein
dank u – dank je wel dank ü – dank jè wäl	danke (gesiezt – geduzt)
alsjeblieft – alstublieft aßjèblieft – aßtüblieft	bitte (geduzt – gesiezt)
Graag gedaan. chraach chèdaan	Keine Ursache./ Gern geschehen.
Dankjewel, hetzelfde! dankjèwäl, hètsälfdè	Danke gleichfalls! (geduzt)
Goedemorgen!/Goededag! chujèmorchèn/chujèdach	Guten Morgen/Tag!
Goedenavond! chujènaavènd	Guten Abend!
Welterusten! wälltèrößtèn	Gute Nacht!
Welkom! wällkomm	Willkommen!
Hallo!/Hoi! – Doei! hallo/hoj – duj	Hallo! – Tschüss!
Tot ziens! tott sienß	Auf Wiedersehen!
Tot gauw. tot chauw	Bis bald.
Hoe gaat het (met jou/u)? hu chaat hèt (mät jau/ü)	Wie geht's (dir/Ihnen)?
Dank u wel, goed! dank ü wäll, chut	Danke, gut. (gesiezt)
Eet smakelijk! – Proost! eet ßmaakèlèk - prooßt	Guten Appetit! – Prost!
Sorry! – Het spijt me. ßorrie – hèt ßpäjt mè	Entschuldigung! – Es tut mir leid.
Is niet erg./Is Okee. iß niet ärch/iß okee	Macht nichts! (Antwort auf Entschuldigung)

Das ist
noch nicht alles!
Mehr Reise Know-How gibt es hier:
www.reise-know-how.de
Reiseführer | CityTrip | MeinTrip | InselTrip

Register

Impressum

Ulrike Grafberger

CityTrip Groningen und Leeuwarden

© Reise Know-How Verlag
Peter Rump GmbH
2., neu bearbeitete und aktualisierte Auflage 2024

ISBN 978-3-8317-3812-0

Druck und Bindung:
mediaprint solutions GmbH, Paderborn

Herausgeber: Klaus Werner
Layout: amundo media GmbH (Umschlag, Inhalt), Peter Rump (Umschlag)
Lektorat: amundo media GmbH
Karten: Ingenieurbüro K. Wendler, amundo media GmbH
Anzeigenvertrieb: KV Kommunalverlag GmbH & Co. KG, Alte Landstraße 23, 85521 Ottobrunn, Tel. 089 928096-0, info@kommunal-verlag.de
Kontakt: Osnabrücker Str. 79, 33649 Bielefeld, info@reise-know-how.de

Alle Angaben in diesem Buch sind gewissenhaft geprüft. Preise, Öffnungszeiten usw. können sich jedoch schnell ändern. Für eventuelle Fehler übernehmen Verlag wie Autorin keine Haftung.

Bildnachweis

Umschlagvorderseite: ©Barbara deVincent, stock.adobe.com
Umschlagrückseite und Umschlagklappe rechts: Ulrike Grafberger
Soweit ihre Namen nicht vollständig am Bild vermerkt sind, stehen die Kürzel an den Abbildungen für die folgenden Fotografen, Firmen und Einrichtungen. Ulrike Grafberger: ug | NBTC Holland Marketing: nbtc

Liste der Karteneinträge

Groningen (Karte I)

Leeuwarden (Karte II)

Hier nicht aufgeführte Nummern liegen außerhalb der abgebildeten Karten. Ihre Lage kann aber wie die von allen Ortsmarken im Buch mithilfe der Web-App angezeigt werden (s. S. 144).

Groningen/Leeuwarden mit PC, Smartphone & Co.

QR-Code auf dem Umschlag scannen oder **www.reise-know-how.de/citytrip/groningen24** eingeben und die **kostenlose Web-App** aufrufen (Internetverbindung zur Nutzung nötig)!

★**Anzeige der Lage und Satellitenansicht aller** beschriebenen Sehenswürdigkeiten und weiteren Orte
★**Routenführung** vom aktuellen Standort zum gewünschten Ziel
★**Exakter Verlauf** der empfohlenen Stadtspaziergänge
★**Audiotrainer** der wichtigsten Wörter und Redewendungen
★**Updates** nach Redaktionsschluss

GPS-Daten zum Download

Die GPS-Daten aller Ortsmarken und Spaziergänge stehen auf der Produktseite des Titels auf www.reise-know-how.de zum Download zur Verfügung.

Stadtplan für mobile Geräte

Um den Stadtplan auf Smartphones und Tablets zu nutzen, empfehlen wir die App „Avenza Maps" der Firma Avenza™. Über die Funktion „Store" können die „City-map2 Groningen 2024" und die „City-map2 Leeuwarden 2024" kostenlos geladen werden.

Zeichenerklärung

- Sehenswürdigkeit
- Bar
- Bibliothek
- Café, Eiscafé
- Denkmal
- Friedhof
- Galerie
- Geschäft, Kaufhaus, Markt
- Hotel, Unterkunft
- Bistro, Imbiss
- Informationsstelle
- Jugendherberge, Hostel
- Kirche
- Kneipe, Pub
- Krankenhaus, Arzt
- Museum
- Disco
- Parkplatz, Parkhaus
- Pension, Bed & Breakfast
- Polizei
- Post
- Restaurant
- Sonstiges
- Sport-/Spieleinrichtung
- Synagoge
- Theater, Zirkus
- Vegetarisches Restaurant

- Shoppingareal
- Gastro- und Nightlife-Areal
- Stadtspaziergang (s. S. 18 bzw. s. S. 76)

Bewertung der Sehenswürdigkeiten

★★★	auf keinen Fall verpassen
★★	besonders sehenswert
★	wichtige Sehenswürdigkeit für speziell interessierte Besucher